Le bouddhisme

QUE SAIS-JE ?

Le bouddhisme

HENRI ARVON
Professeur à l'Université de Paris X

Dix-Septième édition
124e mille

ISBN 2 13 045391 0

Dépôt légal — 1re édition : 1951
17e édition : 1996, septembre

INTRODUCTION

Il y a deux façons foncièrement différentes de présenter le bouddhisme. La première consiste à faire entrer la doctrine bouddhique dans le moule hypothétique d'une *perennis philosophia* et de rechercher dans les écrits innombrables d'une religion dont la fécondité et la vitalité ne se sont pas démenties depuis vingt-cinq siècles, les vérités universelles et permanentes qui puissent faire d'elle une alliée, sinon une sœur de toutes les croyances religieuses. Cette méthode d'investigation, il est vrai, correspond à l'enseignement des penseurs les plus admirables de l'Inde moderne. En agissant ainsi, on prend à son compte cette antique parole du Rig-Véda dont Râmakrishna avait fait sa devise : ekam sad viprâ bahudhâ vadanti : « l'Eternel est un, mais il a beaucoup de noms », on peut s'imaginer de militer pour l'unité de l'Eternel qui forme l'idée fondamentale de Gândhî. Et pourtant, quelque féconde que puisse être une telle méthode en vue de la constitution d'une spiritualité universelle susceptible de mettre fin à l'intolérance et aux antagonismes religieux, on éprouve quelque scrupule, voire quelque gêne de la voir appliquée à la seule création religieuse de l'Inde qui puisse se prévaloir de solides assises historiques. Le bouddhisme, en effet, émerge de ce brouillard diffus qui estompe tous les contours de la pensée indienne, à tel point qu'il sert de borne chronologique aux historiens de l'Inde ;

il échappe à ce climat d'indétermination où baignent tous les mouvements d'idées de ce pays éternellement changeant et pareil à lui-même, sol prédestiné aux syncrétismes les plus larges et les plus audacieux.

La deuxième méthode, par contre, consiste à restituer au bouddhisme son véritable horizon historique. C'est peut-être une déformation de l'esprit occidental que de vouloir envisager une religion sous son aspect temporel et évolutionniste. Il n'en reste pas moins que cette méthode seule est apte à expliquer la genèse du bouddhisme, à faire ressortir l'originalité de sa doctrine et à rendre justice au rôle important que cette religion a tenu et tient encore dans l'histoire de l'Extrême-Orient.

Dans notre étude qui ne s'inspire d'aucun prosélytisme et qui est née uniquement de l'intérêt passionné que l'auteur a pris au spectacle étrange d'une religion athée et d'un athéisme qui veulent étreindre l'Absolu, nous tâcherons de nous conformer aux exigences rationalistes de la stricte « méthode historique ». Dans une Première Partie, nous évoquerons le fond politique et spirituel qui a donné naissance au bouddhisme ; dans une IIe Partie, nous essaierons de circonscrire la doctrine primitive ; dans une IIIe Partie, enfin, nous suivrons ses différentes transformations et son extension étonnante à travers les immenses étendues de l'Asie.

PREMIÈRE PARTIE

L'INDE PRÉBOUDDHIQUE

CHAPITRE PREMIER

LE VÉDISME ET LE BRAHMANISME

Période védique. — Bien que de récentes fouilles faites dans l'Inde du Nord-Ouest (à Mohenjo Dãro) aient fait reculer les bornes chronologiques de l'Inde par la découverte d'une civilisation urbaine qui fleurissait dans la vallée de l'Indus pendant la première moitié du IIIe millénaire avant J.-C., il reste néanmoins incontesté que l'évolution religieuse de l'Inde, continue et ininterrompue jusqu'à nos jours, ne date dans ses grandes lignes que de l'expansion ultérieure de la civilisation aryenne.

C'est vers le XVIIe siècle avant J.-C. que les Aryens, venant de l'Iran, se déversent sur le Pendjab (« pays des cinq fleuves », ainsi appelé parce qu'il est traversé des cinq grands affluents de l'Indus). Au cours des siècles suivants, les conquérants réussissent à envahir tout le bassin de l'Indus, ensuite le bassin du Gange, et enfin le nord du Dékhan.

C'est entre 1500 et 1000 avant J.-C. que naissent les poèmes védiques qui reflètent les représentations, en somme encore fort simples et naïves, des Aryens envahisseurs.

Le Véda (= savoir) se compose de quatre samhitâs (= recueils). Le premier, le Rig-Véda, le plus ancien sans doute puisque ses hymnes ne font allusion qu'aux régions du Pendjab, premier territoire occupé par les Aryens, contient 1 028 hymnes et chants sacrificiels, répartis en dix livres ; le second, le Sâma-Véda, ne renferme que 585 strophes, destinées à servir de notation musicale aux différentes mélodies liturgiques ; le troisième, le Yajur-Véda, donne les formules nécessaires aux différents sacrifices (sacrifices aux mânes, sacrifices de feu, sacrifices de nouvelle lune et de pleine lune, etc.) ; le quatrième, l'Atharva-Véda (le recueil est appelé d'après les atharvans, prêtres voués au culte du feu) se compose d'exorcismes et d'incantations magiques.

Les Védas, ainsi que toute la littérature sacrée de l'Inde, sont rédigés en sanscrit. C'est, bien entendu, une langue indo-européenne, proche parente de l'iranien. On s'en servait encore dans les premiers siècles de notre ère. Langue sacrée et étudiée par tous les Indiens cultivés, on ne saurait mieux faire comprendre le rôle qu'elle joue aux Indes qu'en évoquant la place que le latin tenait chez nous au Moyen Age. Le sanscrit, langage distingué et poli (samskrita signifie parachevé, fait ou refait intentionnellement, consacré) s'oppose au prâcrit, langue commune (prâkrita signifie naturel).

Le trait le plus saillant des Védas est sans aucun doute l'importance extrême qu'on accorde au sacrifice. La religion védique est une religion au sens que les Romains entendaient donner à ce mot : les dieux, étant comblés de dons par les hommes, leur doivent protection et aide. Ce sont les offrandes faites aux dieux qui influencent et même déterminent le sort des mortels. La puissance du sacrifice est exaltée au point de devenir la loi fondamentale, non seulement du destin individuel, mais de l'univers tout entier. C'est le sacrifice qui assure le maintien ou le rétablissement de l'ordre naturel aussi bien que de l'ordre humain. C'est un acte cosmique fait par tous et valable pour tous. Rien de plus significatif à ce sujet que l'histoire de l'être primordial, Purusha ou Prajapati (= Homme ; on sait qu'Adam aussi signifie tout simplement homme).

Les dieux s'acharnent sur lui et le mettent en pièces ; c'est ainsi que naissent les êtres divers. Le sacrifice a pour but de refaire l'être primordial et de ramener ainsi les êtres épars et séparés les uns des autres à leur unité primitive.

« Quand Prajapati eut créé les êtres vivants, ses articulations se trouvèrent disjointes. Or, Prajapati, en vérité, est l'année. Ses articulations, ce sont les jointures du jour et de la nuit, la pleine et la nouvelle lune, le commencement des saisons. Il était incapable de se lever, puisque ses articulations étaient disjointes. Les dieux le guérirent alors au moyen des offrandes. Par l'agnihota (offrande de lait et d'eau chaude) ils guérirent l'articulation des deux crépuscules. Par la darsapurnamasa-isti (offrande de riz et d'orge) l'articulation de la nouvelle lune ; par les caturmasyani (autre offrande de riz et d'orge), les articulations des saisons. Les jointures ainsi réparées, Prajapati est venu prendre la nourriture qui est ici offerte à Prajapati. Celui qui, sachant cela, entre en jeûne au moment (de la pleine lune), guérit l'articulation de Prajapati, et Prajapati le favorise. »

Période brahmanique. — Il était fatal que la majesté du sacrifice rejaillît sur les prêtres qui avaient pour charge de l'ordonner. C'est au moment où les Aryens atteignent la vallée du Gange que l'hégémonie sacerdotale, exercée par les Brahmanes, semble définitivement établie. C'est vers cette époque aussi que s'élabore le régime des castes, destiné d'une part à sauvegarder la pureté du sang aryen (le degré le plus bas est constitué par les candâlas, enfants bâtards de mère brahmine et de père çûdra), d'autre part, ce qui constituait probablement la raison primordiale de son instauration, à défendre les privilèges de la caste sacerdotale.

Il existe quatre castes principales dont les trois premières comprennent les aryens, alors que la quatrième se recrute parmi les aborigènes : 1° Les brahmanes (prêtres) ; 2° Les kshatriyas (guerriers) ; 3° Les vaiçyas (artisans, cultivateurs et marchands) ; 4° Les çûdras (serviteurs).

Le célèbre hymne de Purusha dont nous venons de donner un extrait explique la genèse des castes de la façon suivante : lorsque Purusha fut dépecé par les dieux « sa bouche fut le brâhman, de ses bras fut fait le royal (les kshatriyas), ses cuisses furent le vaiçya, et de ses pieds naquit le çûdra. »

Le sacrifice considéré à l'époque védique comme une offrande aux dieux qu'on accompagnait d'actions de grâce et de prières, prend peu à peu un caractère métaphysique. Ce n'est plus l'acte sacrificatoire en lui-même qui est efficace, mais la formule rituelle, le « brahman » qui l'accompagne et dont les brahmanes sont les seuls détenteurs. La science parfaite, c'est la connaissance de cette formule toute-puissante (brahmavidyâ), la vie parfaite consiste à observer les prescriptions de la formule (brahmacarya). Or, c'est la caste sacerdotale qui s'institue la gardienne jalouse de cette puissance supranaturelle. Ce monopole religieux, à vrai dire, fait des brahmanes des surhommes : ils ne dominent pas seulement les autres castes, mais les dieux mêmes, contraints de se plier devant le « brahman ». Ainsi, grâce à la spiritualisation du sacrifice, les brahmanes disposent de la clef de l'omnipotence.

Quelles furent les répercussions de cette théocratie exercée par les brahmanes sur le plan pratique ? Il est permis de supposer que les autres castes auxquelles l'accès des mystères du « brahman » restait interdit, finissaient par être livrées à l'exploitation des brahmanes. Ceux-ci, de leur côté, étaient tentés d'adopter une attitude mercenaire, en se faisant les trafiquants du mystère qu'ils prétendaient seuls connaître. Si, par la suite, on insiste tant dans la littérature indienne pour que personne ne songe à tirer un profit matériel quelconque de sa supériorité intellectuelle et spirituelle, c'est probablement pour enlever son arme principale au bouddhisme qui précisément avait réagi contre cet abus majeur du brahmanisme.

La pensée brahmanique est déposée dans les Brâhmanas et les Upanishads qui furent composés entre le IXe et le VIIIe siècle avant J.-C.

Les Brâhmanas contiennent surtout des spéculations sacrificatoires.

Les Upanishads sont d'abord des « séances » aux pieds d'un « guru » (maître s'occupant des mystères du « brahman »), par extension les enseignements reçus pendant ces séances. Les Upanishads se présentent sous forme d'aide-mémoire plutôt que de traités complets ; mais ils renferment des développements métaphysiques complets d'une rare beauté.

Les quatre Védas, les Brâhmanas et les Upanishads sont considérés comme des livres révélés et constituent l'ensemble de la Shruti (littéralement ce qui a été entendu).

Rappelons que ce fut un Français, le savant Anquetil Duperron qui le premier révéla au monde occidental la richesse de la pensée des Upanishads. Il traduisit en latin l'Oupnek'hat, c'est-à-dire la version persane des cinquante Upanishads que le prince mongol Dârâ Shekoh avait fait faire par des savants hindous en 1656. L'ouvrage paru en 1801-1802 ouvrit à la philosophie européenne des horizons nouveaux. Le philosophe allemand Schopenhauer, en particulier, en était tellement enthousiasmé qu'il fit de cette traduction son livre de chevet.

L'Inde au sixième siècle av. J.-C. — La pensée indienne, luxuriante par nature et inépuisable dans son essence, a cherché de tout temps à se diversifier. Pourtant il semble bien que c'est au VIe siècle avant J.-C., c'est-à-dire à l'époque qui donna naissance au bouddhisme qu'elle fut en proie à une fermentation particulière. On assiste à l'éclosion pour ainsi dire spontanée d'innombrables sectes et d'innombrables écoles qui se disputent, ou plutôt, conformément à l'esprit si foncièrement tolérant de ce pays, se partagent son âme. C'est le tableau le plus chatoyant qu'on puisse s'imaginer. La pensée se nuance depuis le matérialisme le plus déterministe jusqu'à l'idéalisme le plus sublime. Il est difficile, voire impossible, de déterminer avec certitude le sens et la portée des relations qui s'établissent entre les différentes doctrines. Nous voudrions cependant en mentionner deux qui sans doute ont exercé une assez grande influence sur la formation du bouddhisme : ce sont la doctrine du Sâmkhya et le Jaïnisme.

La doctrine du Sâmkhya. — Le mot de Sâmkhya dérive du substantif sankhyâ qui signifie « nombre, compte ». L'effort principal du système porte en effet sur le dénombrement aussi précis que subtil de tous les éléments qui composent une notion donnée. Il en est né une cosmogonie grandiose qui fait partie intégrante de la pensée indienne et qui se retrouve dans les conceptions de la théosophie moderne ainsi que dans celles de l'anthroposophie de Rudolph Steiner.

Mais il y a un autre nom porté par cette doctrine qui en éclaire davantage le contenu, c'est satkâryavâda. Le Sâmkhya est une théorie (vâda) qui admet la réalité (sat) des produits (kârya).

Qu'est-ce à dire ? Il existe une matière primitive éternelle, appelée la Prakriti. Celle-ci se compose de trois éléments, comparables aux trois fils (gunas) d'un cordon. Ce sont : 1° Sattva (= le fait d'être le vrai), c'est-à-dire le principe lumineux, la pureté, la bonté ; 2° Rajas (= coloration), c'est-à-dire le principe actif, l'amour, le désir, la poursuite du bonheur terrestre ; 3° Tamas (= obscurcissement), c'est-à-dire l'ignorance, génératrice de mal et de douleur. A l'état idéal, les trois Gunas se neutralisent et s'équilibrent. Mais il y a dissociation et déséquilibre dès que se produit l'intervention du karma (= action) de l'individu.

Abandonnant le monisme brahmanique, le Sâmkhya admet qu'il y a à côté de la Prakriti d'innombrables âmes immatérielles, appelées Purushas.

Or, voici comment l'homme est constitué après que le Karma a ébranlé la Prakriti. Il est composé de trois parties : 1° D'un corps grossier qui se désagrège à sa mort ; 2° D'un corps subtil et invisible qui participe de l'éternité de la matière et qui l'accompagne de réincarnation en réincarnation ; 3° Du purusha, élément immatériel qui lui aussi subit les migrations successives, mais sans être livré aux lois du Karma.

Pour que l'homme échappe au monde matériel de la souffrance et de l'instabilité, il faut donc que le corps subtil, éthéré, retourne à la Prakriti, de même que le Purusha ne trouve le repos avant d'être séparé de l'élément matériel. Ce retour à l'équilibre se réalise quand l'élément subtil de l'homme qu'on pourrait qualifier d'âme psychique, finit par comprendre que le Purusha est libre à son égard et étranger à la Prakriti. C'est l'abolition de l'ignorance (avidya), la fin du non-discernement (aviveka) qui conduit l'homme vers la délivrance.

Le Sâmkya pose ainsi avec une rare netteté le problème de la « voie du Salut » en même temps qu'il en apporte une solution grandiose. Le Bouddhisme, orienté dans le même sens, a tiré le plus grand profit de cette doctrine si merveilleusement construite.

Le jaïnisme. — Si la doctrine du Sâmkhya ne se détache pas du brahmanisme et qu'elle le pénètre au contraire au point d'en constituer l'armature philosophique essentielle, il en est autrement du jaïnisme qui dès le début prend l'aspect d'une croyance hétérodoxe. Le jaïnisme, en effet, ne prend pas son origine dans le milieu brahmanique, mais dans la caste des guerriers. Dirigé sans doute contre la dictature du brahmanisme, il ne reconnaît pas l'infaillibilité de la Shruti.

Le Jaïnisme est fondé par un contemporain de Bouddha, Mahâvîra (= grand héros) de nom. Celui-ci portait le titre honorifique de jina (= vainqueur) comme d'ailleurs Bouddha aussi. C'est pourquoi ses disciples s'appelaient jaïnistes.

Le jaïnisme s'est maintenu aux Indes jusqu'à nos jours. La grande majorité des fidèles se recrute parmi les marchands. D'après une statistique de 1973 leur nombre s'élève à deux millions six cent mille.

Préoccupés exclusivement de la délivrance, les jaïnistes attribuent, comme le fait la doctrine du Sâmkhya, une importance extrême au Karma. C'est à cause de lui que nous restons pris dans le cycle infernal des réincarnations successives. Le Karma « c'est l'encrassement de la machine à proportion de son usage ; ou encore l'accumulation des cristaux d'acide urique dans nos articulations, d'où résultent les souffrances de l'arthrite ; c'est toujours l'impuissance résultant d'une accumulation de résidus laissés par le fonctionnement antérieur ».

Pour échapper à la fatalité de cette loi, les jaïnistes ont élaboré une notion qui devait influencer le bouddhisme ainsi que la pensée indienne tout entière : l'ahimsâ, la non-violence.

Hims signifie vouloir tuer, vouloir nuire. L'ahimsâ est donc la renonciation à toute intention de tuer ou de nuire.

Cette notion peut prêter à équivoque. L'ahimsâ n'est pas inspirée par la pitié ; elle obéit uniquement à la préoccupation pour ainsi dire égoïste de mettre fin à la contrainte du karma, et de se tenir à l'abri des entraînements du monde. La non-violence équivaut ainsi à la non-activité. Les bouddhistes primitifs, tout au moins, l'ont interprétée dans ce sens.

L'ahimsâ renferme néanmoins une grande idée éthique que l'une des branches majeures du bouddhisme, le Mahâyâna, a développé amplement.

On sait que Gândhî avait fait de l'ahimsâ le commandement suprême de son action politique. Voici comment il la définit :

« La non-violence ne consiste pas à renoncer à toute lutte réelle contre le mal. La non-violence telle que je la conçois, est au contraire contre le mal une lutte plus active et plus réelle que la loi du talion, dont la nature même a pour effet de développer la perversité. J'envisage, pour lutter contre ce qui est immoral une opposition mentale et par conséquent morale. Je cherche à émousser complètement l'épée du tyran, non pas en la heurtant avec un acier mieux effilé, mais en trompant son attente de me voir lui offrir une résistance physique. Il trouvera chez moi une résistance de l'âme qui échappera à son étreinte. Cette résistance d'abord l'aveuglera et ensuite l'obligera à s'incliner. Et le fait de s'incliner n'humiliera pas l'agresseur, mais l'élèvera. On peut soutenir que ce serait là un état idéal. Et c'en est un. »

Il est inutile d'ajouter que cette interprétation moderne de l'ahimsâ ne se rattache que très faiblement à la conception primitive qu'en avaient les jaïnistes et les bouddhistes. Faire du mal à autrui, c'était pour eux faire du mal à soi-même par le jeu inéluctable du karma.

Chapitre II

LES FONDEMENTS RELIGIEUX

Le bouddhisme étant, tout au moins à l'origine, un mouvement réformateur dirigé contre la prédominance brahmanique, il était fatal que cette opposition se traduisît par une hérésie, c'est-à-dire par une brèche faite dans l'édifice religieux du brahmanisme.

Deux thèmes principaux servent de pôles cristallisateurs à la pensée brahmanique — ce sont d'ailleurs les constantes sous-jacentes de la pensée indienne de tous les siècles — l'*âtman-brahman*, l'identification de l'âme individuelle et de l'âme universelle qui conditionne toute la mystique brahmanique, et *le Samsâra*, la transmigration des âmes, doctrine issue des fonds mystérieux de la croyance populaire, mais que les brahmanes avaient su intégrer dans leur doctrine.

Le bouddhisme se définit en fonction de ces deux idées centrales, il rejette la première et développe la seconde. Pour comprendre le pourquoi et le comment de sa doctrine, il est donc essentiel de resserrer le faisceau lumineux sur ces deux fondements du brahmanisme.

L'âtman-brahman. — Brahman, on le sait, est tout d'abord la formule sacrée dont on se servait au cours d'un sacrifice. Il accompagnait l'acte sacrificatoire et lui donnait son caractère sacré. Mais peu à peu brahman devient une puissance autonome, qui, au lieu de servir les dieux, leur donne des ordres. Dans les Upanishads, le Brahman est célébré comme l'Existant réel (sat), comme la grande puissance cosmique et psychique universelle. Le Brahman se hausse ainsi au niveau du principe métaphysique de l'Etre, se situant en dehors de toutes les limites et de toutes les déterminations.

L'âtman est une notion d'origine subjective. C'est le « Soi » qui se trouve au plus intime de toute créature et qui le rattache à l'Universel. Ce n'est donc pas un terme psychologique, mais un terme métaphysique, ce n'est pas la conscience individuelle qui croit à son autonomie foncière, mais l'âme qui permet de communier au fond commun de tous les êtres, et de toutes les choses.

Il est possible que le mot âtman soit parent du lat. *anima* et de l'all. Atem. Il signifierait alors à l'origine souffle vital. Mais cette étymologie est contestée.

L'identification de l'âtman et du brahman, voilà le véritable levier de la mystique brahmanique. Cette spéculation ouvre, en effet, des perspectives grandioses. D'une part l'Etre prend une signification spirituelle, l'âme universelle se retrouve dans toutes les manifestations de la vie, l'univers tout entier baigne dans un climat de spiritualité profonde, d'autre part tout individu, toute chose prend une valeur universelle, puisque tels les fleuves qui finissent par se jeter dans la mer, les âmes individuelles disparaissent dans l'âme universelle.

Les Upanishads surtout revêtent cette idée des images les plus éclatantes. Voici deux passages caractéristiques au sujet du brahman, âme universelle : « En vérité, le principe dont tous les êtres naissent, dont ils vivent une fois nés, où ils rentrent quand ils meurent, tu dois chercher à le connaître : c'est le Brahman. » — « L'âme des créatures est une, mais elle est présente dans chaque créature ; à la fois unité et pluralité, comme la lune qui se reflète dans les eaux. »

Et voici un autre passage où l'âtman est comparé à l'étincelle qui jaillit d'un feu pour y retomber aussitôt :

« Voici la vérité : de même que d'un feu ardent sortent par milliers des étincelles pareilles à lui, ainsi naissent de l'être immuable toutes sortes d'êtres qui retournent à lui. »

L'assurance que le brahmane possède de retourner au sein de l'âme universelle, s'exprime dans cette parole triomphale : tat twam asi, tu es cela. Quelque faible, malheureux et isolé que tu te sentes, tu fais pourtant partie de l'âme universelle.

Idée belle et féconde qui par l'affirmation de la communion générale aurait pu déboucher sur la sympathie universelle et l'amour du prochain. Mais les brahmanes la gardent dans la sphère éthérée de la spéculation abstraite et souvent glaciale.

« C'est lui, l'âtman, enseignent-ils, que l'on ne peut désigner que par ni ceci, ni cela (neti, neti) ; il est insaisissable, parce qu'on ne peut pas le saisir ; indestructible parce qu'on ne peut pas le détruire ; il est intenable parce que rien ne tient à lui ; il n'est pas lié, il est inébranlable, rien ne peut lui nuire. »

On conçoit aisément que cette conception purement théorique de l'âtman-brahman dont l'intelligence ne pouvait s'obtenir que par une spéculation hautaine et froide, a pu être considérée comme une simple fiction élaborée par les brahmanes.

Le Samsâra. — A l'encontre de la mystique brahmanique inaccessible à l'âme populaire, le samsâra, c'est-à-dire la doctrine de la réincarnation, prenait dès son apparition possession de la pensée indienne.

Sar signifie couler ; le samsâra est donc l'écoulement universel, c'est, d'après Guénon, « une série indéfinie de changements d'états d'un être, chaque état ayant ses conditions caractéristiques propres et constituant pour l'être un cycle d'existences qu'il ne peut parcourir qu'une fois, et l'existence terrestre ou même généralement corporelle ne représentant qu'un état particulier parmi une infinité d'autres ».

Il est possible que la doctrine de la réincarnation, qui n'apparaît que dans les Upanishads, provienne des croyances religieuses des populations primitives de l'Inde. L'optimisme foncier de la religion védique, en contradiction flagrante avec le pessimisme du samsâra, parle en faveur d'une telle hypothèse.

La pensée indienne est hantée par la crainte de la réincarnation sans fin. L'homme se voit abandonné au cercle des renaissances qui s'ajoutent les unes aux autres comme les anneaux d'une chaîne pesante et interminable. Captive du monde matériel, l'âme aspire à la délivrance (moksha). Afin de pouvoir envisager l'évasion, la pensée indienne est amenée à considérer que le monde phénoménal n'est qu'une illusion (mâyâ) dont il suffit de percer le caractère hallucinatoire pour la voir s'évanouir.

On pourrait se demander si la métempsychose est nécessairement liée à une conception pessimiste de la vie. Quoi qu'il en soit, la crainte de la renaissance n'est pas uniquement orientale. On la rencontre également dans les systèmes gnostiques de l'Antiquité. Ainsi les mystères dionysiaques ont pour but d'éviter le cycle des renaissances grâce à une communion immédiate avec le dieu Zagreus.

Voici comment le moine Nâgasena fait comprendre au roi grec Milinda (Ménandre) la fatalité du samsâra :

« Nâgasena, tu parles de Samsâra. Qu'est-ce que le Samsâra ?

« Un être naît sur cette terre et y meurt ; mort ici, il renaît ailleurs et y meurt, etc. Voilà le Samsâra.

« Donne-moi une comparaison !

« Un homme sage mange une mangue et plante le noyau ; de ce noyau croît un grand manguier qui porte des fruits ; un homme mange un de ces fruits et plante le noyau, d'où croît un manguier, etc. Le point de départ de cet enchaînement est inconnaissable. Il en est de même du Sâmsara. »

Le Karma. — La doctrine du karma est le complément indispensable de celle du samsâra. Une fois adoptée la thèse des renaissances successives, il s'agit, en effet, d'expliquer pourquoi l'homme est condamné à cet enfer métaphysique et par quels moyens il peut espérer s'en échapper. Le Karma apporte une réponse qui, d'une manière ingénieuse et pertinente, allie la liberté au déterminisme et la souffrance au salut.

Kar signifie faire. Dans les Védas le Karma exprime surtout l'acte sacrificatoire, dans les Brâhmanas et les Upanishads Karma est l'action dans la mesure où celle-ci a une portée transcendante. Le karma ressemble pour ainsi dire à un caillou qu'on jette dans l'eau et dont l'effet se fait surtout sentir par les cercles concentriques de vagues qui entourent le point de chute.

Tout être parcourt donc une série d'existences, soit en ordre ascendant, soit en ordre descendant ; il grimpe ou descend une sorte d'échelle de Jacob qui va du corps d'un candâla ou d'un corps animal jusqu'à celui d'un dieu. Notre position particulière dépend du karma ; elle est le résultat de nos actions accomplies dans les existences antérieures. L'Upanishad affirme cette causalité quand il dit : « Telle action accomplie par l'homme, telle son existence future. » Le karma tient ainsi le rôle d'une justice distributive. Les récompenses et les peines ne sont plus concentrées sur une seule vie — et on sait à quel point la solution de ce problème embarrasse nos religions occidentales —, mais échelonnées sur plusieurs existences successives. Réponse particulièrement heureuse, ce nous semble, puisqu'elle imprègne d'une éthique profonde le déterminisme apparent que nous subissons.

« Nâgasena, demande le roi grec Milinda avide de connaître la doctrine bouddhique, pourquoi tous les hommes ne sont-ils pas semblables ? Pourquoi ont-ils une vie longue ou brève ? Pourquoi sont-ils vigoureux ou maladifs, beaux ou laids, influents ou impuissants, riches ou pauvres, de haute naissance ou de basse extraction, intelligents ou sots ?

« Et pourquoi, grand roi, toutes les plantes ne sont-elles pas semblables ? Pourquoi sont-elles, suivant leur espèce, aigres, salées, amères, acides, astringentes ou douces ?

« En raison de la différence des graines, je suppose.

« De même les hommes diffèrent en raison de la différence des actes. Le Bienheureux (= Bouddha) a dit : « Les êtres ont pour patrimoine leur karma ; « ils sont les héritiers, les descendants, les parents, « les vassaux de leur karma : c'est le karma qui « partage les hommes en supérieurs et en inférieurs. » »

Incompatibilité entre l'âtman-brahman et le samsâra. — Les brahmanes s'efforcent d'accorder ces deux idées, d'essence et probablement aussi d'origine différentes, et de les faire entrer dans un système cohérent. La connaissance de l'identité de l'âme universelle avec l'âme individuelle est réservée à leur caste. En vertu du samsâra les castes inférieures sont contraintes de parcourir de nombreuses réincarnations avant de naître également comme brahmanes.

Mais plus l'angoisse du cycle des renaissances s'emparait de l'âme indienne, plus ce compromis paraissait insuffisant et artificiel. L'union avec l'âme universelle est d'ordre purement spéculatif, immédiate et libre de toute causalité ; le samsâra, par contre, obéit à un enchaînement rigoureux de causes et effets. Comment d'ailleurs le monisme brahmanique pourrait-il expliquer la pluralité des existences ? A une cause unique doit correspondre un effet unique ; or, le monde est fait d'une succession de causes cycliques dont il est impossible de retrouver le point de départ.

C'est cette contradiction inhérente à la doctrine brahmanique que l'enseignement de Bouddha met en pleine lumière. Bouddha affirme que loin d'apporter une solution au problème de la réincarnation, l'identification de l'âme individuelle à l'âme universelle détourne du chemin de la délivrance. Etant donné que notre salut dépend de la causalité du karma, il est oiseux, voire nuisible de se livrer à des spéculations métaphysiques. Ce sont les expériences faites par nos sens qui nous révèlent le karma ; une fois cette connaissance empirique acquise, il sera facile à notre esprit de trouver la voie pratique de la délivrance. Bouddha rejette l'âme universelle et ignore l'âme individuelle ; c'est dans ce sens qu'on peut dire que Bouddha fait preuve d'athéisme et de matérialisme.

Les pères de l'église bouddhique insistent souvent sur l'absence de tout être suprême dans leur doctrine. Yaçomitra, disciple du grand philosophe bouddhiste Asanga (ve siècle de notre ère) affirme : « Les êtres ne sont créés ni par Dieu, ni par l'Esprit, ni par la Matière. » Il justifie cette affirmation par le cycle des renaissances : « Mais les fils de lâkya (= les Bouddhistes) tiennent pour cette maxime que la révolution du monde n'a pas de commencement. »

Le bouddhisme tel qu'il est enseigné primitivement par Bouddha, mérite-t-il le nom de religion ? L'absence d'un Etre suprême et le rejet de la tradition sacrée (shruti) dispensent Bouddha et ses disciples de tout sacrifice et de tout sacrement. Point de révélation ni de mystique. A un moment où la pensée indienne commence à ressentir avec une acuité particulière la fatalité intolérable du samsâra, le Bouddha estime que tous les efforts ne doivent tendre que vers un seul but : la délivrance. Sa doctrine se limite volontairement à une seule recherche, celle de la voie du Salut.

Moins ambitieux qu'une religion et plus étendu qu'une philosophie, le bouddhisme est, selon l'heureuse définition de La Vallée-Poussin, une discipline. Bouddha ne se préoccupe que du salut ; il se borne à indiquer le chemin qui y conduit. Cette limitation volontaire fait à la fois sa force et sa faiblesse. Une discipline s'accommode aisément de n'importe quel cadre religieux : c'est probablement la raison principale de la prodigieuse extension du bouddhisme en Asie. Mais à elle seule, elle ne peut offrir à la longue une nourriture suffisante aux besoins religieux de l'âme humaine ; aussi en Inde la tradition brahmanique, enrichie, il est vrai, d'apports bouddhiques, finit par triompher de l'hétérodoxie bouddhique.

DEUXIÈME PARTIE

LE BOUDDHISME

Chapitre Premier

LA VIE DE BOUDDHA

Comme pour tous ceux dont la mémoire d'hommes n'a pas gardé des souvenirs précis mais qui au cours des siècles n'ont fait que grandir au point de prendre des dimensions surhumaines, la question d'historicité s'est également posée au sujet de Bouddha. Le Bouddha a-t-il réellement vécu ou n'est-il pas plutôt un personnage mythique ou légendaire ?

L'avis des indianistes a été fort différent. Kern ramenait les divers événements de sa vie à des rapports astronomiques. Sénart croyait plutôt à une transcription du mythe solaire. Oldenberg, dont les études, bien que datant du début du siècle, font toujours autorité, admet, par contre, la personnalité historique de Bouddha. Il retient surtout comme digne de foi ce que la tradition bouddhique nous dit de son pays d'origine, de sa famille et de sa doctrine.

L'archéologie apporte des arguments sérieux et pour ainsi dire définitifs à l'appui de cette dernière thèse. On a découvert une inscription sur un reliquaire de Piprava, dans le Népal, d'où il ressort que le culte des reliques du Bouddha existait dès le IIIe siècle avant notre ère. De même, on a retrouvé au nord de Bénarès le site exact de Kapilavastu, sa ville natale.

Que le personnage réel du Bouddha ait été recouvert par des couches successives de traits légendaires, personne ne songe à le contester. L'historien sera donc en droit, bien que sa tentative semble d'avance condamnée à l'échec, de vouloir extraire de cette gangue le véritable aspect du fondateur du bouddhisme. Mais il se trouve qu'une telle entreprise mutile la vérité historique plus qu'elle ne l'éclaire. La vie traditionnelle du Bouddha et sa doctrine sont inséparables. Peu importe en l'occurrence de savoir si c'est la doctrine qui est réfractée par la vie ou si c'est plutôt la somme des expériences que le Bouddha a accumulée au cours de ses quatre-vingts ans d'existence, qui a été codifiée dans la doctrine, il y a une chose certaine : la vie du Bouddha est l'illustration la plus belle et la plus éloquente de sa doctrine. Maintenir intacte la version traditionnelle de la vie du Bouddha, c'est en même temps garder une vision précise de sa doctrine. Laissons donc de côté, en ce qui concerne cette biographie, l'esprit critique et parcourons les stades d'une vie qui fut celle du Bouddha et qui, selon sa doctrine, doit être celle de tout homme pour peu qu'il veuille bien se laisser guider par cette expérience si profondément humaine.

La jeunesse ou l'expérience de la Mâyâ. — Bouddha eut pour parents la reine Mahâ Mâyâ et le roi Shuddhodana, du clan des Çākyas. Son père régnait sur Kapilavastu, petite principauté située sur le versant indien de l'Himalaya. Il reçut à la naissance le nom de Siddhartha.

Les textes désignent le Bouddha sous les noms les plus divers : en plus de son nom de naissance : Siddhartha : celui qui a réalisé son but, et de Gautama, son nom patronymique, Çākyamuni : le sage issu de la famille des Çākyas, Bhagavat : celui qui possède le bonheur, le Bienheureux, Tathâgata :

celui qui est arrivé, le Parfait, Jina : le victorieux, et surtout Buddha : celui qui s'est éveillé, l'illuminé.

La légende raconte que c'est sous la forme d'un petit éléphant que le Bouddha entra dans le sein de sa mère. Sa naissance eut lieu au parc de Lumbinî, près de Kapilavastu. Mâyâ resta debout en s'appuyant à une branche de figuier alors qu'un dieu recueillit sur un linge l'enfant qui sortit de son flanc. Cette scène est souvent reproduite par les artistes.

Tous les indianistes admettent que la naissance de Bouddha se situe vers 560 avant notre ère, et sa mort, puisqu'il a vécu quatre-vingts ans, vers 480.

Sa mère étant morte peu après sa naissance, le jeune prince est élevé par la sœur de celle-ci, Mahâprajâpatî. Son père l'aime tendrement et s'efforce d'écarter de sa vie tout ce qui pourrait en obscurcir le bonheur. Sur son ordre, le spectacle de la souffrance humaine est banni de la cour et lorsque le jeune homme sort de son palais, le roi exige qu'on épargne à ses yeux toutes les choses désagréables.

Quant au prince, il donne des preuves d'une intelligence et d'une force surnaturelles. Agé de seize ans, grâce à la victoire qu'il remporte lors d'un concours à l'arc où sa flèche transperce sept arbres, il obtient la main de sa cousine Yashodarâ.

Or, voici que cette vie tranquille et heureuse est troublée soudain. Gautama apprend que le bonheur sans nuages dont il jouit est trompeur et illusoire. Il a la révélation de la Mâyâ.

Au cours des célèbres quatre sorties successives alors qu'il traverse la ville sur son char pour se rendre au parc d'agrément, sa vue est frappée par le spectacle d'un vieillard, d'un malade, d'un cadavre et enfin d'un moine mendiant muni de son bol à aumônes. Dès lors Gautama prend conscience de la souffrance humaine en même temps qu'il entrevoit, grâce à la sérénité du moine, un premier moyen de s'en affranchir. En rentrant de sa quatrième sortie, il apprend que son épouse vient de lui donner un fils, Râhula de nom. Cette nouvelle ne fait que précipiter sa décision de se faire moine mendiant : « Râhula est né, s'écrie-t-il, on vient de forger mes fers. »

Dans la nuit même, après avoir pris congé en silence de sa femme et de son fils nouveau-né, il appelle son cheval Kanthaka et quitte le palais, accompagné de son cocher fidèle Chandaka. Après avoir gagné la profondeur des bois, il quitte ses vêtements de soie et se couvre d'un vêtement d'écorce. Il renvoie son cocher et son cheval. Celui-ci meurt, inconsolable du départ de son maître. Gautama commence une nouvelle existence à l'âge de vingt-neuf ans.

Son séjour chez les ascètes ou l'expérience du brahman. — Durant sept ans le Gautama écoute les enseignements des ascètes brahmanes. Recherchant à leur instar la communion avec le brahman, il se livre aux jeûnes et aux macérations.

On retrouve les échos de cette ascèse excessive dans les discours du Bouddha. En vue de la concentration spirituelle, le Gautama s'abstient de s'asseoir et reste accroupi sur les talons. Son lit est fait de ronces. Un seul grain de riz constitue, par moments, sa nourriture quotidienne.

Mais en dépit de tous ces efforts, le Gautama ne parvient pas au Salut. A bout de forces, le corps squelettique et l'esprit obscurci, il finit par se rendre compte que la torture de soi-même est sans issue et vaine. La vie de privations ne vaut pas mieux que la vie de plaisirs qu'il avait menée auparavant. C'est alors qu'il comprend l'importance de la « Voie moyenne ».

« Il y a deux extrêmes, ô moines, dira-t-il, dans

son sermon de Bénarès, dont celui qui mène une vie spirituelle doit rester éloigné. Quels sont ces deux extrêmes ? L'un est une vie de plaisir, adonnée aux plaisirs et à la jouissance ; cela est bas, ignoble, contraire à l'esprit, indigne, vain. L'autre est une vie de macérations : cela est triste, indigne, vain. De ces deux extrêmes, ô moines, le Parfait s'est gardé, éloigné, et il a découvert le chemin qui passe au milieu, le chemin qui dessille les yeux et l'esprit, qui mène au repos, à la science, à l'illumination, au Nirvâna. »

L'illumination. — C'est près du village de Uruvelâ, au sud de Patna, que le Gautama, assis au pied d'un figuier, a la révélation de la connaissance libératrice.

Uruvelâ, appelé depuis l'illumination du Gautama Buddha Gayâ, est devenu le but du plus grand pèlerinage des bouddhistes. Jusqu'en 1876 on y montrait sur la terrasse du temple de Mahâbodhi le figuier de l'illumination. L'arbre ayant dépéri à cette date, on a planté une de ses branches qui a donné un nouveau figuier.

Sujâtâ, fille d'un fermier, qui avait fait le vœu d'apporter à l'esprit d'un banyan une offrande annuelle, apporte ce jour-là, une offrande de riz au lait dans une écuelle d'or. Quand elle voit le Gautama assis au pied du figuier, elle la lui donne. Après s'être restauré, le Gautama jette l'écuelle dans la rivière et voici que celle-ci nage en remontant le courant. Ce phénomène surnaturel est le présage de la proche illumination.

« Alors le Futur Bouddha fit la sieste sur la berge de la rivière, dans un bois de salas en pleine floraison. Et, à la tombée de la nuit, quand se courbe la tige des fleurs, il se leva, tel un lion qui s'étire, et vint vers le figuier sacré en suivant un chemin que les dieux avaient couvert et qui était large de huit usabhas.

« Les serpents, les génies, les oiseaux, et tous les autres êtres lui rendaient hommage avec des parfums célestes, des fleurs et d'autres offrandes ; et des chœurs célestes faisaient entendre une divine musique, tant que les dix mille mondes étaient remplis de ces parfums, de ces guirlandes et de ces acclamations. »

Quelle est donc cette révélation à laquelle applaudit l'univers tout entier ? C'est la connaissance du samsâra et celle de la voie qui permet d'échapper à sa causalité cruelle. Ce sont les quatre saintes vérités de la douleur universelle, de l'origine de cette douleur, de son anéantissement et du chemin de son anéantissement. De Bodhisattva, c'est-à-dire aspirant à la dignité de Bouddha, le Gautama est devenu le Bouddha, c'est-à-dire l'Illuminé.

Budh signifie s'éveiller ; d'où buddha celui qui est éveillé et bodhi l'éveil, l'illumination.

Le sermon de Bénarès. — Ayant ainsi atteint le but tant désiré, le Bouddha hésite pourtant à divulguer ce qui vient de lui être révélé. Avant de pouvoir enseigner, il lui faut encore vaincre des résistances extérieures et intérieures.

Furieux de voir échapper le Bouddha à son empire, Mâra (le diable bouddhique) lui livre l'assaut, par son armée, en l'accablant des ténèbres, de feu, d'une pluie de rochers, de sable et de cendres. Les Dieux s'enfuient, abandonnant le Bouddha à la fureur de son ennemi. Mais le Bouddha triomphe en lui opposant sa sagesse. « La puissance des perfections du Bodhisattva a eu raison de l'armée de Mâra. »

Mais voici que le Bouddha est assailli de doutes.

Les hommes pris dans le tourbillon de la vie, aveuglés par les désirs et les convoitises, comprendront-ils sa doctrine ? N'est-ce pas peine perdue que de vouloir sauver des êtres qui ne pensent qu'à courir à leur perte ?

« A quoi bon découvrir au monde ce que j'ai conquis dans de pénibles combats ?

« La vérité demeure cachée pour celui qu'emplissent le désir et la haine.

« C'est chose qui coûte de la peine, pleine de mystère, profonde, cachée à l'esprit grossier :

« Il ne peut la voir, celui dont de terrestres désirs enveloppent l'esprit de ténèbres. »

Mais sur les instances du dieu Brahmâ, le Bouddha se décide enfin à entreprendre la prédication de la vérité. C'est au Parc des Gazelles à Rishipatana qu'il met en mouvement la Roue de la Loi.

La Roue de la Loi est devenue le symbole de la foi bouddhique et même du Bouddha lui-même. Pour représenter la majesté du Bouddha, les artistes se bornent souvent à placer simplement la Roue de la Loi sur un trône.

Cette première prédication, le célèbre sermon de Bénarès — nous y reviendrons quand nous étudierons la doctrine bouddhique — eut pour résultat la conversion de cinq moines qui avaient été les témoins de l'ascèse désespérée du Bouddha et qui s'étaient détournés de lui, quand il eut recommencé à prendre une nourriture plus abondante.

Les conversions. — Pendant plus de quarante ans, Bouddha se consacre à son apostolat, faisant entendre sa parole au hasard des pérégrinations et ne s'arrêtant que pendant la saison des pluies. Le nombre de ses adeptes augmente rapidement. Parmi ceux-ci il convient de citer surtout Bibisâra, roi du Magadha (le Bihar actuel) qui fit de riches dons à la communauté du Bouddha, Ānanda, le disciple favori du maître, qui veilla sur ses derniers moments, et Râhula, le propre fils de Bouddha.

C'est grâce à la parole de Bouddha et de ses disciples, mais bien plus encore grâce à leur comportement que la communauté bouddhique prit bientôt une grande extension. Rien de plus caractéristique à ce sujet que le récit de la conversion du moine Çāriputra.

Çāriputra était en train de mendier dans les rues de Râjagaha quand il aperçut le moinde bouddhiste Assaji dont la sérénité le frappait aussitôt d'étonnement. « Ami, lui dit-il, ta physionomie est sereine, ton teint est pur et clair. Au nom de qui, ami, as-tu renoncé au monde ? Et qui est ton maître ? Et la doctrine de qui professes-tu ? » Assaji lui répond que c'est le Bouddha qui est son maître, mais qu'étant encore novice il est bien en peine de lui exposer la doctrine de ce dernier. Tout au plus pourrait-il lui en indiquer l'esprit. Et voici comment sur la demande de Çāriputra il résume la doctrine grâce à laquelle il jouit d'une telle sérénité : « Les objets, qui résultent d'une cause, dont le Parfait enseigne la cause et comment ils prennent fin : telle est la doctrine du grand Samana. » Il n'en faut pas plus pour que Çāriputra comprenne aussitôt la portée de la parole du Bouddha, à savoir que tout ce qui est sujet à la naissance, est aussi sujet à la disparition, et il se rallie sans tarder à cette doctrine, génératrice du repos de l'âme et de la sérénité du cœur. « Quand bien même la doctrine ne serait que cela, répond-il à Assaji, tu n'en as pas moins atteint l'état où il n'y a plus de douleur, état qui n'a pas été vu depuis bien des myriades d'âges du monde. »

Tout le secret de la réussite bouddhiste semble

résumé dans ce récit d'une si touchante naïveté. L'âme indienne trouve dans la douceur et dans la paix de la doctrine bouddhique un baume efficace contre les angoisses du samsâra qui l'étreignent.

Le Nirvâna. — C'est à l'âge de quatre-vingts ans que Bouddha est mort à Kusinâra, le Kasiâ actuel, dans le district de Gorakhpur.

Sa mort fut provoquée par un plat de viande de sanglier que le forgeron Çunda lui avait servi à Pâvâ. Comment concilier la consommation de la viande par le Bouddha avec le commandement de l'ahimsâ qui interdit de tuer des animaux ? L'embarras des auteurs canoniques est grand. Quelques-uns passent la cause de la mort du Bouddha sous silence, d'autres la mentionnent sans ajouter de commentaires. Des indianistes européens ont émis l'avis que le mot employé pour désigner le plat en question, pourrait fort bien s'appliquer à un plat de champignons surnommé « joie de sanglier ». Peut-être la doctrine primitive du Bouddha n'était-elle pas aussi stricte sur la question de l'ahimsâ que celle des jaïnistes. De nos jours encore, les moines bouddhistes de Ceylan acceptent la viande qu'on dépose dans leur écuelle.

La mort du Bouddha rappelle par plus d'un point celle de Socrate telle qu'elle est décrite dans le *Phédon*. Devant la mort toute voisine, le Bouddha simple et ferme, s'adresse à ses disciples, les Bhikshus (moines-mendiants) qui sont réunis autour de lui et leur donne ses dernières recommandations. De même que Socrate interdit à ses disciples de pleurer sa mort et qu'il leur demande de trouver la consolation dans la philosophie même qu'il leur a enseignée, de même le Bouddha les exhorte à ne pas désespérer et, prenant à témoin sa propre mort qui leur démontre une fois de plus que tout ce qui est né doit mourir, il leur demande de tendre tous leurs efforts vers la délivrance définitive. « Et maintenant, ô bhikshus, je prends congé de vous.

Tous les éléments de l'être sont transitoires. Travaillez à votre salut avec soin. » Telles furent ses dernières paroles. Il entra ensuite, en s'élevant de degré en degré, dans le Nirvâna. Sa dépouille mortelle fut incinérée avec des honneurs royaux. Les princes et les nobles se partagèrent ses ossements et firent ériger des stûpas (tours-reliquaires) où on les conserva.

CHAPITRE II

LA DOCTRINE DE BOUDDHA

Quelque grand que soit le nombre des ramifications du bouddhisme, il ne semble guère difficile de reconstituer la doctrine primitive prêchée par le Bouddha qui leur sert de tronc commun. L'induction aboutit à un résultat qui est confirmé par la tradition : l'idée-force de la doctrine bouddhique est la douleur universelle ; celle-ci est exposée dans les quatre saintes vérités qui constituent la cheville ouvrière du célèbre « sermon de Bénarès ». Les bouddhistes considèrent leur connaissance comme leur bien le plus précieux. C'est leur *credo* par lequel ils ont conscience de se distinguer de ceux que la parole de Bouddha n'a pas encore touchés. Il convient donc de considérer les quatre saintes vérités comme la base véritable de la doctrine bouddhique et comme le point de départ indispensable pour quiconque veut la comprendre.

Les quatre saintes vérités. — Voici comment le Bouddha formule l'universalité de la douleur, l'origine de la douleur, la suppression de la douleur et le chemin qui conduit à la suppression de la douleur.

« Voici, ô moines, la Vérité Sainte sur la douleur : la naissance est douleur, la vieillesse est douleur, la maladie est douleur, la mort est douleur, l'union avec ce qu'on n'aime pas est douleur, la séparation d'avec ce que l'on aime est douleur, ne pas obtenir son désir est douleur, en résumé, les cinq sortes d'objets de l'attachement (c'est-à-dire les cinq éléments qui constituent le Moi : le corps, les sensations, les représentations, les formations et la connaissance) sont douleur.

« Voici, ô moines, la Vérité Sainte sur l'origine de la douleur : c'est la soif (de l'existence) qui conduit de renaissance en renaissance, accompagnée du plaisir et de la convoitise, qui trouve çà et là son plaisir : la soif de plaisir, la soif d'existence, la soif d'impermanence.

« Voici, ô moines, la Vérité Sainte sur la suppression de la douleur : l'extinction de cette soif par l'anéantissement complet du désir, en bannissant le désir, en y renonçant, en s'en délivrant, en ne lui laissant pas de place.

« Voici, ô moines, la Vérité Sainte sur le chemin qui mène à la suppression de la douleur : c'est ce chemin sacré à huit branches qui s'appellent : foi pure, volonté pure, langage pur, action pure, moyens d'existence purs, application pure, mémoire pure, méditation pure. »

Ce texte, inlassablement repris et commenté par les auteurs canoniques, représente véritablement la quintessence de la doctrine de Bouddha. La première Vérité Sainte résume ce qu'on pourrait appeler son ontologie puisqu'elle précise la nature de l'être ; la seconde et la troisième Vérités Saintes développent les différents aspects de l'être ; c'est une métaphysique ou mieux encore, une phénoménologie ; la quatrième Vérité Sainte, enfin, en indiquant une voie de salut pratique, esquisse les cadres d'une éthique. C'est donc sous ce triple aspect ontologique, phénoménologique et moral que nous allons envisager le bouddhisme.

La première Vérité Sainte ou l'ontologie bouddhique. — L'expérience démontre à Bouddha que toute existence est douloureuse. Il est vrai que la vie offre non seulement des souffrances, mais encore des joies. Mais ce qui la rend intolérable, c'est l'impermanence de toute chose. La naissance, la vieillesse et la mort, voilà le rythme ternaire que tout être vivant subit sans espoir de rémission. Or, cette proposition ne s'applique pas seulement au corps, mais aussi à l'âme. Contrairement au brahmanisme qui admettait dans tout être la présence d'une étincelle divine, l'âtman, auquel le Moi individuel servait d'habitacle provisoire et qui, à tout moment, pouvait retourner dans le sein du brahman, le bouddhisme réduit le Moi à une création momentanée et fortuite due à la coopération mutuelle des cinq éléments physiques et moraux qui composent l'homme. Dans le bouddhisme, le Moi se dissout, se désagrège pour n'être plus qu' « une façon de dénombrer, un terme, une appellation, une désignation commode et un nom ».

La non-réalité du Moi fournit le sujet d'un des entretiens du roi Milinda avec le moine bouddhiste Nâgasena. Quand le roi lui demande son nom, il lui répond qu'on le nomme Nâgasena, mais que ce n'est là qu'un terme sans contenu. A l'appui de cette thèse, il donne l'exemple du char : c'est un assemblage qu'on ne saurait prendre pour une entité. Il en est de même de Nâgasena qui est un agglomérat des cinq éléments mais qui n'existe pas d'une manière absolue. « De même que le mot « char » signifie que les parties s'unissent pour dessiner un ensemble, de même quand apparaissent les cinq groupes, nous employons l'expression « être vivant ». »

Pessimisme profond qui, n'ajoutant foi qu'aux témoignages des sens, interdit à l'homme de croire en quelque chose de durable, permanent, éternel. Pessimisme pourtant qui n'engendre aucunement la résignation. Du fait même que la pensée indienne était comme fascinée par l'idée du samsâra, et qu'elle ne voyait plus la vie que sous l'angle de l'impermanence, la seule voie de salut qui lui restait était la réduction de l'individu à quelque chose d'irréel, d'évanescent. Mis en face du Moi, le bouddhiste déclare : « Ceci n'est pas mon Soi. » Négation qui l'arrache au flux et reflux des existences successives, et qui lui garantit l'évasion et la liberté.

La non-substantialité du Moi pose pourtant un problème redoutable. S'il est vrai que la conscience individuelle est condamnée à la corruption et à la mort, comment justifier la continuité causale du Karma ? Les actes bons ou mauvais entraînant soit des récompenses soit des châtiments qui déterminent les réincarnations, ne faudrait-il pas que les êtres soient permanents pour que, héritiers de leurs vies antérieures, ils en recueillent les rétributions ? A vrai dire, le bouddhisme, contrairement à la doctrine du sâmkhya, n'a jamais su donner une réponse satisfaisante à cette question essentielle qui met en jeu l'éthique tout entière.

Le moine bouddhiste Nâgasena essaie de résoudre la difficulté par la parabole de la flamme. De même que la flamme d'une lampe n'est jamais la même puisqu'elle se nourrit d'un combustible perpétuellement renouvelé, de même l'être est constamment recréé par une union nouvelle des cinq éléments qui s'agrègent selon la loi du karma. Ainsi une personne périt, une autre renaît et pourtant la seconde, différente de la première, dépend de celle-ci.

La seconde et la troisième Vérités Saintes ou la phénoménologie bouddhique. — La seconde Vérité Sainte recherche l'origine de la douleur, ou plutôt, puisque toute vie est douleur, celle de l'existence.

Tout notre malheur découle d'un éternel vouloir-vivre, soit que nous éprouvions du plaisir à croire en notre survie, soit que nous vivions dans la crainte perpétuelle de ne pouvoir jamais trouver le repos définitif. Or, si c'est cette volonté qui est la cause de l'existence, il suffit de la supprimer pour voir disparaître aussitôt l'effet qu'elle produit. Voilà le sens de la troisième Vérité Sainte. Toute la destinée humaine est incluse dans ces deux propositions.

Formule trop brève cependant qui n'indique ni la raison de ce vouloir-vivre, ni les différents maillons de la chaîne des renaissances. Aussi dès les textes canoniques les plus anciens, on a éprouvé le besoin de compléter et parfois même de remplacer ces deux Vérités par la célèbre *Théorie des douze causes*. C'est un ensemble de propositions à double sens. Quand on descend de la première cause à la douzième, on assiste à la naissance progressive de l'existence ; quand, par contre, on remonte de la douzième cause à la première, on supprime l'une après l'autre, les causes de l'existence et finit par accéder à la délivrance.

Voici le texte qui précise l'enchaînement des causes et des effets.

> De l'ignorance proviennent les formations ; des formations provient la connaissance, de la connaissance proviennent nom et corps ; des nom et corps proviennent les six domaines ; des six domaines provient le contact (entre les sens et les objets) ; du contact provient la sensation ; de la sensation provient la soif (ou le désir) ; de la soif provient l'attachement (à l'existence) ; de l'attachement provient l'existence ; de l'existence provient la naissance ; de la naissance proviennent vieillesse et mort, souffrance et plainte, douleur, chagrin et désespoir. Telle est l'origine de tout l'empire de la douleur.

Formule passablement abstruse au sujet de laquelle Bouddha lui-même, au moment de l'illumination, craignit que les hommes ne pussent en saisir le sens. Il s'agit, selon la plupart des exégètes bouddhistes, d'une sorte de triptyque qui représente la vie antérieure, la vie présente et la vie future. Ce sont les douze échelons successifs d'un mouvement vital qui, selon le Samsâra, comprend le passé, le présent et l'avenir. Examinons donc séparément les trois volets.

La vie antérieure comprend l'ignorance et les formations. L'ignorance, cause primordiale de l'enchaînement, n'est évidemment pas l'absence de connaissances scientifiques, puisqu'il est inutile, sinon nuisible, de connaître les lois qui gouvernent la vie irréelle et impermanente dans son essence. C'est, de toute évidence une ignorance religieuse, c'est-à-dire la méconnaissance de la Voie de Salut tracée par les quatre Vérités Saintes. Les formations désignent le processus du karma, les actes transcendants qui détermineront une nouvelle réincarnation.

La vie présente se compose des huit causes suivantes. La connaissance est le noyau spirituel de la personnalité nouvelle, le nom et le corps la personne elle-même, les six sens les cinq organes de la perception sensorielle et la pensée, le contact la prise de possession du monde extérieur, la sensation le résultat de cette prise de contact, la soif l'attrait sexuel, l'attachement les efforts que l'homme accomplit durant sa vie, l'existence enfin le karma qui servira de point de départ à une réincarnation nouvelle.

La vie future se déroule de nouveau selon le rythme inexorable de la naissance, de la vieillesse et de la mort.

Ce système peut paraître dogmatique à l'excès et arbitraire dans sa progression abstraite. Il n'en est pas moins vrai qu'il pose dans toute la clarté voulue le problème du salut. Si le chemin de la servitude débute par l'ignorance, il est évident que le chemin libérateur est trouvé dès que cette ignorance a disparu. La connaissance des quatre Vérités Saintes est la condition essentielle du salut

La quatrième Vérité Sainte ou l'éthique bouddhique. — La quatrième Vérité Sainte énumère les différentes étapes de la « Noble Voie des huit Vertus ». Nous ne suivrons point pas à pas cette division de l'éthique bouddhique, de nature scolastique et nous nous porterons aussitôt vers son point d'aboutissement, la « méditation pure ».

Etant acquis que le monde phénoménal est irréel et que c'est précisément dans la mesure où l'homme se rend compte de cette vacuité qu'il approche de la délivrance, il va de soi que c'est la « méditation pure » (dhyâna) qui constitue la vertu suprême du bouddhisme.

Cette méditation est pure parce qu'elle se détache de toute diversité objective et subjective, parce que, convaincue de la vanité et de la fugitivité des choses, elle sait s'abstraire de tous les désirs et qu'elle abandonne tout vouloir-vivre.

La « méditation pure » n'est pourtant pas immédiatement accessible. Admettre pareille hypothèse serait faire bien peu de cas de l'éthique proprement dite. Aussi, avant de le faire parvenir à ce point culminant de sa libération, le bouddhisme impose-t-il à l'homme une longue poursuite de perfectionnement intérieur. C'est grâce à la bonté, à la bienveillance pour tous les êtres vivants et à la bienfaisance que l'homme parvient à ce stade dernier.

Aussi un climat de bonté et de pardon tout évangélique baigne-t-il souvent les récits bouddhiques. Voici résumée la belle et touchante histoire du prince Kunâla

Kunâla, ainsi nommé parce que ses yeux merveilleusement beaux ressemblent à ceux de l'oiseau Kunâla, inspire l'amour à la reine, sa belle-mère ; mais tout adonné à la contemplation, il refuse ses avances. La reine profite d'une absence du roi pour se saisir du sceau royal qui revêtira l'ordre d'arracher les yeux du prince. Celui-ci subit le supplice avec sérénité, en affirmant que devenu aveugle il ne possédera que davantage l'œil de la sagesse. Il bénit la reine de l'avoir libéré de tous les attachements terrestres et s'en va comme mendiant, accompagné de sa femme. Son père finit par apprendre la vérité et veut faire exécuter la reine. Mais Kunâla lui dit : « O roi, je ne sens pas de douleur, et malgré la cruauté dont j'ai été l'objet, je ne sens pas le feu de la colère. Mon cœur est rempli de bienveillance pour ma mère qui a ordonné de me faire arracher les yeux. Si je dis la vérité, que mes yeux redeviennent ce qu'ils étaient. » Et aussitôt Kunâla recouvre la vue et ses yeux brillent, plus beaux que jamais.

Le bouddhisme, pourtant, ne peut aiguiller l'homme vers une éthique active, pratique, s'il ne veut être infidèle à son principe premier. La charité ne peut se faire agissante que dans la mesure où l'on admet qu'il existe un monde réel où le Bien et le Mal se livrent un combat perpétuel et que l'homme, témoin et enjeu de cette lutte, est tenu à œuvrer pour la victoire du Bien. En enlevant aux choses terrestres toute réalité, et en faisant de la contemplation intérieure seule la condition essentielle d'une évasion libératrice, le bouddhisme ne peut recommander qu'une éthique passive. Son éthique se compose de défenses, mais non de commandements. Il prescrit à l'homme de ne pas faire le Mal, bien plus qu'il ne lui ordonne de faire le Bien. Il en résulte une sérénité profonde et admirable, mais qui surprend souvent par une froide impassibilité qui frise l'indifférence pour les malheurs d'autrui.

De nombreux récits bouddhiques exaltent, en effet, l'insensibilité du sage qui par le spectacle de la douleur se voit confirmé dans le refus qu'il oppose aux choses terrestres. Voici par exemple l'histoire de la courtisane Vâsavadattâ.

Une belle courtisane, Vâsavadattâ de nom, tombe amoureuse d'un certain Upagupta. Mais ce dernier ne répond pas aux avances que la courtisane lui fait par l'intermédiaire de sa servante. Cependant la courtisane qui vit en concubinage avec le fils d'un chef d'artisans, est demandée par un riche marchand. Par cupidité, elle assassine le premier et se livre au second. Le crime est découvert. Le roi ordonne qu'on coupe à Vâsavadattâ les mains, les pieds, les oreilles et le nez et qu'on l'abandonne au cimetière. C'est alors qu'Upagupta se rend auprès d'elle. Vâsavadattâ s'en étonne. « Quand mon corps était doux comme la fleur du lotus, lui dit-elle, qu'il était orné de parures et de vêtements précieux, qu'il avait tout ce qui attire les regards, j'ai été assez malheureuse pour ne pouvoir te voir. Aujourd'hui pourquoi viens-tu contempler ici un corps dont les yeux ne peuvent supporter la vue, qu'ont abandonné les jeux, le plaisir, la joie et la beauté, qui inspire l'épouvante et qui est souillé de sang et de boue ? » Et Upagupta de lui répondre : « Je ne suis pas venu auprès de toi, ma sœur, attiré par l'amour du plaisir ; mais je suis venu pour voir la véritable nature des misérables objets des jouissances de l'homme. »

Le Nirvâna. — La notion du Nirvâna couronne l'édifice de la doctrine bouddhique. Terme ambigu et dont le propre est peut-être précisément d'être réfractaire à toute analyse. Précisons cependant tout d'abord le sens spécifiquement bouddhique du Nirvâna. Alors que dans le brahmanisme le Nirvâna se réalise quand l'âme individuelle s'unit à l'âme universelle et que le jaïnisme admet que l'état du Nirvâna existe à partir du moment où l'âme et la matière, toutes deux éternelles, se sont séparées, retrouvant ainsi leur équilibre, le bouddhisme considère le Nirvâna comme la fin des réincarnations.

Le mot Nirvâna signifie « extinction ». Bouddha éclaire, en effet, le sens du Nirvâna par l'exemple de la lumière qui s'éteint faute de combustible. L'homme qui n'alimente plus les feux de la passion « s'éteint » ; sa vie n'est suivie d'aucune réincarnation, comme la lampe qui, une fois éteinte, ne peut plus transmettre sa flamme.

Le Nirvâna bouddhique est donc un état qui échappe à la fatalité du devenir. Or, comme ce devenir n'est possible que parce que la conscience individuelle lui sert d'élément moteur, le Nirvâna est atteint quand toute pensée, toute volonté, toute sensation se trouvent abolies, supprimées, « éteintes ».

Mais si le bouddhisme renseigne sur ce que le Nirvâna n'est pas, il ne peut ou ne veut en donner une définition positive. Le Nirvâna est-il l'état de félicité ou le néant ? Si c'est le règne de la félicité éternelle, on ne voit pas très bien qui pourrait en jouir puisque le moi est irréel et passager. Si, par contre, c'est le néant on conçoit mal la doctrine bouddhique selon laquelle il est possible d'atteindre le Nirvâna de notre vivant. Question embarrassante que les propres disciples de Bouddha ont déjà posée à leur maître. Mais celui-ci s'est abrité derrière le rempart de l'agnosticisme. Pour le salut de l'homme il est nécessaire, selon lui, de rechercher le Nirvâna, il est par contre inutile de savoir si le Nirvâna correspond à une existence quelconque ou à l'anéantissement total.

Bouddha illustre sa position par la parabole suivante. Un disciple, Mâlunkyâputta de nom, l'interroge au sujet du Nirvâna. Le tathâgat (= celui qui est parvenu à la perfection) continue-t-il de vivre dans le Nirvâna ou est-il englouti par le néant ? Bouddha, en guise de réponse, cite le cas d'un homme atteint par une flèche empoisonnée. Retardera-t-il le traitement jusqu'à ce qu'il réussisse à savoir exactement si c'est un noble ou un brahmane, un vaiçya ou un çûdra qui l'a blessé ? Quel en serait le résultat ? La mort du blessé. Il en est de même de l'homme qui doit guérir du samsâra. Qu'il se contente donc des quatre Vérités Saintes. Tout le reste est superflu et risque de retarder le salut.

On sait à quel point le pessimisme de Schopenhauer est parent de la doctrine du Nirvâna. Pour le philosophe allemand, il s'agit également de délivrer l'homme cloué sur la roue d'Ixion. Le monde lui apparaît comme une douleur universelle, un flux perpétuel, une « honte intime ». Comme ce monde ne se maintient que par un aveugle vouloir-vivre, il s'agit d'anéantir la « volonté » par la réflexion. De la suppression de tout désir découle précisément l'état que le bouddhisme appelle le Nirvâna et que Schopenhauer dans son ouvrage *Le Monde comme volonté et représentation* décrit comme « une paix imperturbable, un calme profond, une sérénité intime, un état que nous ne pouvons nous empêcher de souhaiter lorsque la réalité ou notre imagination nous le présente ; car nous le reconnaissons comme le seul juste, le seul qui nous élève véritablement ; et notre bon génie nous y convie : *Sapere aude* ».

Selon les paroles du Bouddha même, l'état du Nirvâna n'est pas immédiatement accessible. Pour y parvenir, il faut un long apprentissage qui s'étend sur plusieurs vies. Bouddha constate à ce sujet que, si l'entrée au Nirvâna dépendait uniquement de la suppression de toute sensation et de toute pensée, les sourds, les aveugles et les idiots y seraient admis d'office.

Pourtant l'idée-maîtresse du bouddhisme, la promesse faite aux malheureux humains d'échapper aux affres du samsâra, devait inciter ses disciples à abréger la voie qui mène vers le Nirvâna. « De même que la grande mer, ô moines, avait dit le Bouddha, n'est pénétrée que d'une seule saveur, la saveur du sel, de même aussi, ô moines, cette doctrine et cette communauté ne sont pénétrées que d'une seule saveur, celle de la délivrance. »

Il n'est donc pas étonnant de constater que le bouddhisme, de par une nécessité inhérente à sa doctrine, s'achemine rapidement vers la conception d'une proche délivrance obtenue avant même que la mort et la re-mort en aient ouvert les perspectives. Les esprits ont vite fait de s'accrocher à l'espoir d'un nirvâna-sur-terre. Etant débarrassé de ses passions, l'homme entre vivant dans le Nirvâna ; il est un délivré-vivant (jîvan-mukta).

D'innombrables stances bouddhiques traduisent l'exultation orgueilleuse du saint qui de son vivant a réussi à traverser la mer agitée des passions et à se réfugier dans le havre sûr de l'impassibilité :

« Celui dont les sens sont au repos, comme des chevaux bien domptés par celui qui les mène, celui qui a dépouillé toute idée de soi, qui est affranchi de toute souillure, les dieux mêmes lui portent envie. »

Les dangers d'un tel chemin de traverse n'échappent à personne. La tension perpétuelle qu'exige la recherche d'un Nirvâna lointain et indéterminé, se trouve singulièrement amoindrie, sinon abolie par la notion du Nirvâna-sur-terre. La tentation est grande de s'en tenir à un utilitarisme égoïste, c'est-à-dire à croire qu'il suffit de se cantonner dans une ataraxie béate pour pouvoir prétendre à la qualité de « délivré-vivant ». C'est, en effet, le reproche principal que les ennemis de la doctrine n'ont jamais cessé de faire aux moines bouddhistes, reproche trop souvent justifié du fait que ces derniers n'ont pas su maintenir la conception du Nirvâna au niveau où le Bouddha l'avait placée.

Le Yoga. — Afin de faciliter les approches du Nirvâna, le bouddhisme, à l'instar de toutes les croyances indiennes, recommande dès ses débuts l'emploi du yoga.

Yoga signifie joug. Le conducteur intérieur qui est en nous impose une discipline à notre individualité. Le Rig-véda parle déjà de l'homme qui « s'attelle lui-même comme un cheval qui comprend ». On connaît la position du yogin, destinée à éviter toute contraction musculaire de sorte que sa contemplation n'est gênée par aucun rappel des nécessités physiques : position assise, le buste droit, les jambes croisées, une « corde de méditation » autour du corps qui lui sert de dossier.

Le Yoga est tout d'abord une discipline. Etant donné l'importance extrême que le bouddhisme attache à la notion de la vacuité, le yoga lui paraît être le moyen le plus sûr de fixer la conscience phénoménale sur le Vide absolu. Cette conviction une fois acquise, à savoir qu'il n'y a aucune diversité ni objective ni subjective, la pratique du yoga mène vers la réalisation de l'unité indifférenciée du nirvâna.

Le Yoga — il faut bien insister sur ce point pour éviter tout malentendu — n'est pas une sorte de mysticisme, ni même, sous sa forme pure, un état extatique. Loin d'être une attitude passive, c'est une méthode active et contrôlée. Il s'agit pour le yogin de grimper, grâce à des exercices physiques et psychiques, un véritable escalier spéculatif.

Selon la tradition canonique qui en reprend inlassablement l'énumération, Bouddha a passé par les quatre degrés de la contemplation avant d'accéder à l'illumination. Ces quatre degrés qui correspondent aux quatre Vérités Saintes, fixent la progression du yoga bouddhique. Le premier consiste à acquérir le contrôle des sens, le second à dompter l'imagination, le troisième à supprimer la sensibilité, le quatrième, enfin, à recueillir le fruit de cette réalisation spirituelle.

Il y a, bien entendu, des exercices préparatoires dont le caractère est fort varié mais qui tous sont destinés à faciliter la concentration spirituelle. Le yogin s'astreint, par exemple, à fixer son regard sur de l'eau dans un vase rond, ou à contempler l'infinité du ciel à travers un trou percé dans le toit. Mais l'effort principal se porte sur le contrôle rigoureux de la respiration. Ce n'est qu'après s'être rendu maître de son rythme respiratoire, que le yogin peut se livrer à des exercices spirituels.

Les traits fondamentaux du bouddhisme primitif. — En résumé, la doctrine de Bouddha est dominée par une double préoccupation. D'une part, Bouddha rejette toute vérité révélée : il ignore Dieu et l'âme qui en serait le reflet ou une parcelle. D'autre part il professe un empirisme voulu et conscient. Par les quatre Vérités Saintes et la théorie des douze causes, il affirme ce que l'expérience de la vie lui a fait découvrir : le caractère tragique de la condition humaine et l'enchaînement des causes et des effets qui en est responsable. Bouddha n'est ni un prophète ni un Dieu, mais un homme qui, grâce à des efforts intellectuels et moraux exceptionnels, a percé le mystère de la destinée humaine. Sa doctrine offre ainsi à l'esprit humain des fondements extrêmement solides. Mais comme la graine, sollicitée par l'eau et la chaleur, doit s'ouvrir et se transformer en une plante qui apparemment ne lui ressemble plus en rien, la doctrine originale de Bouddha, sous la pression des besoins religieux et mystiques de l'âme humaine qu'elle laissait insatisfaits, a donné naissance à des bouddhismes différents qui, eux aussi, ne rappellent que vaguement le bouddhisme primitif, athée et agnostique, mais qui néanmoins témoignent de sa fécondité exceptionnelle.

Chapitre III

LA COMMUNAUTÉ

Dans sa première prédication, le « sermon de Bénarès », Bouddha ne s'adressa pas à la foule, mais à cinq moines. Fait significatif et qui fixe dès sa première manifestation le caractère véritable du bouddhisme primitif. Ce n'est pas une doctrine qui cherche à gagner l'adhésion de la masse — les discours de Bouddha ne s'adressent que dans des cas extrêmement rares à des laïcs —, mais qui présuppose, pour être comprise et suivie, l'état monacal. Les disciples de Bouddha ont tous abandonné la vie active. Ils suivent le maître dans ses pérégrinations et pendant la saison des pluies (de juin à septembre) ils restent auprès de lui dans les parcs et dans les vihâras situés assez loin des villes pour qu'ils puissent se livrer à la méditation et assez proches pourtant des agglomérations urbaines pour qu'ils puissent y mendier leur subsistance. La communauté (sangha) se constitue donc du vivant de Bouddha. C'est une confrérie de moines-mendiants qui n'exercent aucun sacerdoce, mais qui, par l'exemple de leur vie, enseignent le chemin du salut.

La communauté et les castes. — Contrairement à la doctrine brahmanique, Bouddha, dans le recrutement de ses disciples, ne tient aucun compte des castes. Le Nirvâna est ouvert à tous ceux qui se conforment aux strictes lois de la vie monastique, quelle qu'ait été la caste à laquelle ils ont appartenu avant leur conversion.

C'est une erreur très répandue que d'affirmer que Bouddha ait voulu abolir le régime des castes. Bouddha estime au contraire que les castes constituent le cadre nécessaire de la vie temporelle. Seul le moine, de par sa volonté d'échapper au Karma, n'est plus soumis à ce déterminisme social.

L'ordination. — Le bouddhisme connaît une double ordination. La première, la pravrajyâ (= sortie de la vie temporelle) consacre la décision du novice de quitter le monde des laïcs et de se consacrer désormais à la doctrine de Bouddha. L'âge minimum de seize ans est exigé. Le postulant, accompagné de son Maître, en habit laïc, mais portant sur ses bras les robes jaunes du moine-mendiant, comparaît devant l'assemblée des moines et leur demande d'être admis en qualité de novice. Il promet d'abord de n'avoir plus recours qu'aux « trois refuges » : « Je mets ma confiance en Bouddha. Je mets ma confiance en la Loi. Je mets ma confiance en la Communauté. » Ensuite il s'engage à observer scrupuleusement les dix préceptes de la Communauté : « S'abstenir de détruire la vie ; s'abstenir de voler, s'abstenir de fornication et de toutes impuretés ; s'abstenir de mentir ; s'abstenir de liqueurs fermentées, d'alcool et de boissons fortes qui font obstacle au mérite ; s'abstenir de manger aux heures défendues ; s'abstenir de danses, de chants, et de tous spectacles ; s'abstenir d'orner et d'embellir sa personne au moyen de guirlandes, de parfums et d'onguents ; s'abstenir de faire usage d'un lit ou d'un siège élevés ou spacieux ; s'abstenir de recevoir de l'or et de l'argent. »

Revêtu de ses robes jaunes, deux sous-vêtements

et une robe qui couvrent tout le corps à l'exception de l'épaule droite, et muni de son bol à aumônes, le novice partage la vie de son maître. Du lever du soleil jusqu'à midi, il mendie sa nourriture et s'alimente ; à partir de midi, après s'être rendu soit dans les jardins ou les monastères que des laïcs fortunés ont mis à la disposition des disciples de Bouddha, soit dans les profondeurs de la forêt, il s'adonne sous la direction de son maître à l'étude et à la contemplation.

Après une période d'instruction plus ou moins longue, mais jamais avant l'âge de vingt ans, le novice sollicite la seconde ordination, l' « upasampadâ » (= l'arrivée dans l'ordre). Accompagné de deux répondants dont l'un est obligatoirement son maître, le récipiendaire se soumet à un examen en vue de prouver qu'il est propre à être admis dans l'Ordre. Voici les qualifications nécessaires : ne pas être atteint d'une maladie contagieuse ou d'une infirmité, jouir de sa pleine liberté, c'est-à-dire ne pas être serf, ni débiteur, ni mineur, ni soldat, avoir la permission des parents, avoir vingt ans accomplis, posséder les trois robes et le bol à aumônes.

Après avoir répondu affirmativement à ces questions, il est admis en qualité de bhikshu. Cette ordination ne revêt d'ailleurs aucun caractère définitif. Le départ libre du bhikshu d'une part, et son exclusion à la suite de fautes graves d'autre part, restent possibles à tout moment.

Les cérémonies de confession. — La vie religieuse des bhikshus comporte deux réunions mensuelles qui ont lieu les jours de la nouvelle et de la pleine lune. En commun, ils récitent le rituel de la confession qui comprend huit parties : l'Interrogatoire, l'Introduction, les péchés capitaux, les fautes sanctionnées par une exclusion temporaire, les péchés indécis, les fautes entraînant l'expulsion définitive, les 92 péchés donnant lieu à confession et absolution, enfin les quatre péchés exigeant confession. Les quatre péchés qui entraînent l'exclusion immédiate sont les suivants : la fornication, le vol, le meurtre, l'imposture.

Trois autres fêtes complètent ce tableau de l'activité religieuse d'un Ordre bouddhiste : la pravâranâ, réunion où l'on célèbre la fin de la saison des pluies, le jour de la nouvelle lune du mois de vaishâkha (avril-mai) qui passe pour l'anniversaire de l'entrée de Bouddha dans le Nirvâna, et la commémoration de la victoire de Bouddha sur Mâra, le malin, dont la date se situe au printemps.

Les Nonnes. — En vertu même de sa doctrine, Bouddha ne pouvait qu'éprouver une profonde méfiance vis-à-vis des femmes. En proscrivant les multiples tentations de l'existence, ne lui fallait-il pas surtout dénoncer l'attrait sensuel que celles-ci exercent sur l'homme et qui est la source même de tout être ? Bouddha ne se lasse de mettre ses disciples en garde contre les artifices néfastes des femmes. Quand Ānanda lui demande : « Quelle doit être notre attitude, Seigneur, envers une femme ? » Bouddha lui répond : « Evitez sa vue, Ānanda ! » « Mais si cependant nous la voyons, Seigneur, que faut-il faire ? » « Ne lui parlez pas, Ānanda ! » « Mais si nous lui parlons, Seigneur, quoi alors ? » « Alors il faut que vous preniez garde à vous-mêmes, Ānanda ! »

Il n'est donc pas étonnant que ce ne fut qu'après de longues hésitations que Bouddha se résolut à admettre les femmes dans l'Ordre. Encore fallait-il que cette mesure fût prise en faveur de Mahâ-Pajâpatî, sœur de sa mère qui l'avait élevé après la mort de celle-ci, pour qu'il s'y résignât.

De retour à Kapilavastu, Bouddha reçoit la visite de sa tante Mahâ-Pajâpatî qui lui demande de pouvoir se mettre « sous l'égide de la Doctrine et de la Discipline annoncées par le Tathâgata ». Mais Bouddha lui oppose un refus catégorique. Peu après, Bouddha repart pour Vesâlî. Après s'être coupé les cheveux et mis des vêtements jaunes, Mahâ-Pajâpatî, accompagnée d'un certain nombre de femmes, l'y rejoint. Emu par sa douleur, Ānanda se fait l'interprète de son désir auprès de Bouddha. Après avoir fixé huit règles extrêmement sévères qui consacrent l'entière subordination des nonnes, Bouddha finit par céder, tout en se rendant compte que par cette mesure, il vient d'introduire le germe destructeur au sein du bouddhisme. « Si, Ānanda, conclut-il, les femmes n'avaient pas abandonné la vie de ménage pour la vie sans abri sous l'égide de la Doctrine et de la Discipline annoncées par le Tathâgata, la religion eût duré longtemps : c'est mille ans qu'eût subsisté la Bonne Doctrine. Mais puisque, Ānanda, les femmes ont maintenant abandonné la vie de ménage pour la vie sans abri sous l'égide de la Doctrine et de la Discipline annoncées par le Tathâgata, la religion ne durera pas longtemps : ce n'est que cinq cents ans, Ānanda, que subsistera la Bonne Doctrine. Telles, Ānanda, ces familles consistant en de nombreuses femmes et peu d'hommes que dominent aisément les bandits, telle la religion, maintenant..., ne durera pas longtemps. Tel, Ānanda, un champ de riz florissant accablé par le mildiou, ne subsiste pas longtemps, telle la religion, maintenant..., ne durera pas longtemps. Et tel, Ānanda, l'homme prudent bâtissant une digue au long d'une grande pièce d'eau pour que l'eau ne déborde point de ses limites, tel, Ānanda, ai-je avec prudence posé ces huit règles sévères qui ne doivent pas être transgressées de toute la vie. »

La concession que Bouddha fit aux femmes était accompagnée de nombreuses restrictions. Bien qu'étant admises dans l'Ordre, elles devaient céder le pas aux moines dans toutes les circonstances de la vie monastique. « Une nonne, prescrit Bouddha, eût-elle cent ans, doit révérer un moine, se lever à sa rencontre, le saluer les mains jointes, et l'honorer de ses respects, ne fût-il reçu dans les ordres que du jour même. » Une nonne n'a pas le droit de blâmer officiellement un moine, alors que la réciproque est admise.

Il ne semble d'ailleurs pas que les communautés de nonnes bouddhistes aient jamais été très nombreuses. L'élément féminin qui représente pour nous la charité et le dévouement total, reste étranger à l'intellectualisme de la doctrine bouddhique. Bouddha est mort sans qu'une présence féminine lui ait rendu les derniers moments plus faciles. De ce point de vue encore, la mort de Bouddha ressemble à celle de Socrate qui, incommodé par la présence de sa femme venue lui faire ses derniers adieux en prison, dit à son disciple Criton : « O Criton ! que quelqu'un ramène cette femme à la maison ! »

Les laïcs. — Bien que Bouddha ait conçu sa communauté comme une confrérie monacale et que la presque-totalité de ses discours ne concerne que les moines, il va de soi que des moines vivant d'aumônes ne pouvaient se passer de laïcs qui voulaient bien se charger de leur entretien. Aussi les textes bouddhiques notent-ils de bonne heure la présence de fidèles laïcs (upâsikas) aux côtés de Bouddha.

Il est certain que ceux-ci, tout en restant dans le monde temporel, s'efforçaient de suivre dans une certaine mesure les enseignements de Bouddha. Mais aucun lien ni dogmatique ni spirituel ne les rattachait vraiment à la doctrine. La vertu que Bouddha et ses disciples appréciaient le plus chez eux était sans doute la bienfaisance, non pas la bienfaisance qui se penche sur la misère des pauvres, mais une bienfaisance qui se manifeste à l'égard des moines bouddhistes. Les textes bouddhiques exaltent la générosité de ceux qui font dons de maisons, de vêtements et d'aumônes de toute sorte à la communauté. Des récompenses célestes sont promises en abondance. Mais, à vrai dire, les laïcs ne participent pas aux bienfaits de la doctrine. La seule grâce qu'ils puissent connaître, c'est de renaître lors d'une nouvelle incarnation comme moines-mendiants. Seul le renoncement total du monde mène à la délivrance.

Mais à mesure que le bouddhisme se propageait dans les masses populaires, le besoin se fit sentir de donner des formes extérieures à la vénération qu'on portait à son fondateur. Un véritable culte s'institua qui revêtit les formes traditionnelles de la dévotion populaire.

Le culte des reliques. — On sait qu'après l'incinération de la dépouille de Bouddha les ossements que le feu avait épargnés avaient été religieusement recueillis et conservés dans des stûpas.

Les stûpas, monuments commémoratifs, se composent d'une construction rectangulaire, surmontée d'une calotte hémisphérique et couronnée d'un parasol stylisé, symbole du pouvoir royal.

De nombreuses villes se glorifient de posséder des reliques devant lesquelles les fidèles s'empressent de déposer des offrandes, de chanter des hymnes de louanges et de réciter des formules sacrées.

Rangoon, « la ville aux mille bouddhas », se fait gloire de posséder des cheveux de Bouddha que celui-ci avait donnés à Ta Pau, l'un de ses disciples qui devait ensuite fonder la ville de Rangoon. Ils sont renfermés dans la plus haute tour de la célèbre pagode Shwe Dagon.

Citons encore le fameux temple de la Dent à Ceylan qui sert de châsse à une dent de Bouddha. Celle-ci a 5 cm de longueur et 1 cm 1/2 de diamètre. En 1560, elle fut enlevée par les Portugais et l'archevêque de Goa n'hésita pas à la faire piler dans un mortier et à jeter ses cendres à la mer. Les

Cinghalais affirment cependant que ce n'était pas la véritable dent de Bouddha qui périt ainsi et honorent encore aujourd'hui la relique avec une ferveur extraordinaire.

Le culte des statues. — Il est probable que le bouddhisme primitif ait évité intentionnellement toute représentation de Bouddha. Au moment d'entrer dans le Nirvâna, le Maître n'avait-il pas dit à ses disciples : « La Doctrine et la Discipline que j'ai enseignées et que je vous ai imposées doivent être vos maîtres quand je ne serai plus. » Peu importait l'image de Bouddha ; sa doctrine seule méritait de survivre. Aussi est-ce par des symboles inclus dans sa doctrine que les artistes avaient l'habitude de le représenter, soit par le Figuier de l'Illumination, soit par la Roue de la Loi, etc. Ce n'est qu'à partir du Ier siècle avant notre ère qu'on se mit à représenter Bouddha par l'image.

L'apparition de l'image de Bouddha ne marque pas seulement une rupture avec la tradition religieuse du bouddhisme primitif, mais surtout la naissance d'un art nouveau. Le type du Bouddha n'est pas d'un modelé indien aux formes bizarres, fantasques, exubérantes ; les artistes s'en tiennent au contraire à une représentation sobre, contenue, solide. C'est là une conséquence inattendue des conquêtes d'Alexandre qui l'avaient mené jusque dans la vallée de l'Indus. La plastique grecque fournit à la foi bouddhique ses moyens d'expressions artistiques. Bouddha apparaît véritablement comme le fils d'Apollon. Sous son aspect hiératique, il garde les ondulations de la chevelure du dieu grec, son profil rectiligne, et la belle ordonnance de la draperie. Caprice véritablement singulier de l'histoire que d'avoir imposé aux foules d'Asie un dieu qui leur est venu de la lointaine Grèce.

L'art gréco-bouddhique semble être né au Caboul et au Pendjab. Sous la dynastie indo-scythe des Kouchâna qui régnait sur ces régions au début de notre ère, on frappe des monnaies à l'image du Bouddha en l'entourant d'une légende grecque. Des fouilles pratiquées dans l'ancien Gandhâra (Pechawer) et à Hadda (plus à l'ouest) ont permis de retrouver des Bouddhas apolliniens par centaines. Le musée Guimet en possède un certain nombre.

Le type grec du Bouddha a merveilleusement bien résisté aux tendances déformatrices de l'esprit asiatique. On s'est contenté de le parer des caractéristiques rituelles : une protubérance crânienne, sorte de chignon (ushnîsha), un globule brillant entre les sourcils (ûrnâ), des bras démesurément longs de sorte que dans la position debout les mains arrivent jusqu'aux genoux, les pieds et les mains palmés, une roue à mille raies sur la plante de chaque pied.

C'est devant ces statues qui peuplent les temples par milliers que se prosternent les fidèles. Bouddha aurait sans doute réprouvé cette idolâtrie. Mais il faut avouer que la statuaire bouddhique n'a guère trahi l'idéal qu'elle a voulu rendre visible aux yeux des laïcs. Ce dieu aux traits harmonieux dont les longues paupières protègent les yeux contre la réalité fantôme, qui semble retiré en lui-même, tout à la contemplation sereine, continue d'enseigner la Doctrine par sa propre image.

Les pèlerinages. — Mentionnons encore une autre forme de dévotion, la plus ancienne puisqu'elle semble remonter jusqu'aux premiers temps du bouddhisme : ce sont les pèlerinages vers les lieux qui rappellent les principaux événements de la vie de Bouddha. Il y a quatre endroits, selon un texte canonique, qui sont dignes d'être vus : « le lieu où le saint Bouddha est né ; le lieu où il a acquis la suprême illumination ; le lieu où il a mis en mouvement la

Roue de la Loi ; le lieu où il est entré dans le parfait Nirvâna ». Les principaux lieux de pèlerinages furent donc Kapilavastu, ville natale de Bouddha, Bodh Gayâ, où se situe son illumination, Sarnâth près de Bénarès où il fit sa première prédication, et Kusinâra où il mourut.

Ce sont surtout des pèlerins chinois, qui, s'étant rendus en Inde pour visiter les lieux illustrés par Bouddha, nous en ont laissé des récits extrêmement intéressants. Fa-Hien s'y rendit vers 400 de notre ère, Hiuan-Tsang deux cents ans plus tard. Tous deux insistent sur la ferveur particulière dont jouissaient alors les lieux saints.

Faiblesses de la Communauté bouddhique. — La communauté de Bouddha correspond-elle à l'image que nous nous faisons d'une communauté religieuse ? Elle n'a jamais possédé ce qui nous semble nécessaire au maintien d'une croyance, une solide armature et un pouvoir spirituel central. Sans doute ce double principe était-il incompatible avec la Doctrine, mais le refus de l'y introduire a valu au bouddhisme une double déviation, l'éparpillement et la contamination. Les confréries monacales qui, à l'intérieur, ne reconnaissaient aucune échelle hiérarchique et au-dessus d'elles aucune organisation centrale, étaient menacées de schismes perpétuels. Les laïcs, non seulement séparés des moines, mais ignorés d'eux, n'ont jamais eu le sentiment d'appartenir à une religion particulière. Tout en sympathisant avec les enseignements du Bouddha, ils ont continué de célébrer les rites et les fêtes d'autres religions. Tout au plus, s'abstenaient-ils de participer aux sacrifices sanglants, interdits par l'ahimsâ. Le bouddhisme, tout au moins celui des laïcs, absorbe les autres croyances avec la même facilité qu'il en est absorbé ; c'est ce qui explique son succès mitigé puisque nulle part il n'a su conserver sa pureté primitive, ainsi que son éclipse relative puisque, même en disparaissant comme en Inde, il a laissé de nombreux vestiges de son passage.

TROISIÈME PARTIE

HISTOIRE DU BOUDDHISME

Chapitre Premier

LES TROIS VÉHICULES

En laissant en suspens toutes les questions qui ne se rapportaient pas directement au problème pratique du salut, la doctrine bouddhique portait dans son sein les germes de schismes futurs. Des controverses surgirent dès la mort du maître ; les textes qui nous relatent l'évolution du bouddhisme, affirment que dès le IIIe siècle avant notre ère, les fidèles du Bouddha se divisaient en dix-huit écoles.

Trois grandes branches finirent par se constituer au cours des siècles : le petit Véhicule (Hînayâna), le grand Véhicule (Mahâyâna) et le Véhicule tantrique (Vajrayâna).

Yâna signifie véhicule ; grâce au yâna, le bouddhiste traverse le fleuve des réincarnations et arrive sur la rive du Nirvâna.

Le petit Véhicule, bien entendu, est un nom de mépris donné par les adhérents du grand Véhicule à ceux qui se tenaient strictement à la lettre de la doctrine bouddhique et n'essayaient pas de l'élargir en une vaste religion imprégnée de dévotion et d'éthique. Le Véhicule tantrique se qualifie de véhicule du diamant (vajra) parce qu'il estime qu'il faut parvenir grâce à des procédés magiques à l'éternelle force divine qui est aussi inaltérable que cette pierre précieuse.

Triple division aux frontières dogmatiques souvent incertaines et qui ne doit pas faire oublier qu'il y a eu interpénétration, mais aux limites géographiques bien déterminées surtout à partir du moment où l'Inde abandonne le bouddhisme et qu'un fossé se creuse dans la répartition géographique de la doctrine.

Le petit Véhicule constitue, en effet, le bouddhisme méridional ; il est répandu à Ceylan, en Birmanie, en Thaïlande et au Vietnam. Il avait pris pied également en Indonésie, avant que l'Islam et le Brahmanisme ne l'eussent chassé de ces contrées aux XVe et XVIe siècles.

Le grand Véhicule constitue le bouddhisme septentrional ; il s'est surtout imposé en Chine, en Corée et au Japon.

Le Véhicule tantrique enfin règne en maître sur les régions mystérieuses du Tibet et de la Mongolie extérieure.

Toute différence dogmatique mise à part, l'aspect actuel des trois véhicules est donc en grande partie tributaire de ces distinctions géographiques. Le caractère aimable, serein, quelque peu émollient du bouddhisme du Sud jure avec la stricte éthique et l'enseignement virilisateur du bouddhisme du Nord et ne semble plus rien avoir de commun avec la rudesse et la dureté du bouddhisme tibétain. Il y a un monde entre le bhikshu cingalais à la robe safran, frêle et nonchalant et le lama tibétain emmitouflé dans sa bure, fanatique et guerrier.

L'étude de ces trois disciplines bouddhiques présente un intérêt égal, mais à des titres divers. Quand on met l'accent sur le bouddhisme en tant que fait historique, il convient de se reporter au petit Véhicule qui a conservé à peu près intacte la nature primitive du bouddhisme. Si, par contre, on entreprend de juger le bouddhisme en tant qu'événement exclusivement religieux et qu'on est désireux de comparer sa valeur spirituelle à celle des autres religions universelles, il vaut mieux se référer à l'éthique généreuse et vivante du grand Véhicule. Le Véhicule tantrique enfin, par l'intermédiaire de la théosophie moderne, fait pour ainsi dire partie de l'histoire religieuse de notre époque, ballottée curieusement, dans la mesure où elle a tourné le dos aux religions traditionnelles, entre l'agnosticisme et l'occultisme.

C'est en 1888 que Hélène Blavatsky publia à Londres *The secret Doctrine*, livre fondamental de la théosophie moderne, dont de prétendues lettres de moines tibétains étaient la principale source d'inspiration. On a soutenu que Mme Blavatsky elle-même avait rédigé les « Mahatma Letters ». Quoi qu'il en soit, la théosophie, tout en éveillant la curiosité du grand public pour le bouddhisme, a desservi celui-ci plutôt qu'il ne l'a fait connaître. Bouddha n'est pas le « Grand Initié ». S'il y a une doctrine qui rejette tout ésotérisme, c'est bien la sienne.

Le petit Véhicule. — Avant d'entrer dans le Nirvâna, Bouddha avait recommandé à ses disciples de s'en tenir à la doctrine qu'il leur avait enseignée. Aussi, dès sa mort, un concile de 500 moines se réunit dans une grotte près de Râjagriha pour fixer les règles du maître disparu concernant la doctrine et la vie monastique. Selon la tradition, on y aurait procédé à une première rédaction du canon. Ānanda, disciple préféré de Bouddha, aurait rédigé les sermons du maître, Upâli aurait fixé la discipline monastique, Kâcyapa se serait chargé de l'exposé de la doctrine.

Cent ans après, un second concile eut lieu à Vaiçâli. Son objectif principal était de dénoncer l'hérésie des mahâsânghikas (membres de la grande communauté), en quelque sorte précurseurs de la doctrine mahâyaniste. Dès ce moment il y a scission, ces derniers ne se soumettant pas au verdict des orthodoxes, les « vieux » (sthaviras).

Un troisième concile, uniquement composé de sthaviras, siégea vers 245 avant notre ère à Pâtaliputra, nouvelle capitale de l'empereur Açoka. C'est là qu'on établit le texte définitif du canon pâli.

Bouddha lui-même parlait le mâgadhî, dialecte de la contrée de Magadha. Selon la tradition cingalaise, le pâli (littéralement « texte ») serait la même langue que le mâgadhî. Mais il semble plutôt que le pâli qui est devenu la langue sacrée des pays du petit Véhicule, est un dialecte originaire du nord-est de l'Inde. Le pâli est un proche parent du sanscrit, mais ne possède pas l'élégance et l'élasticité de cette dernière langue.

Le canon est divisé en trois « Corbeilles » (Tripitaka). La première « corbeille » est celle de la « Discipline » (Vinaya), c'est-à-dire des prescriptions concernant la vie des moines. Elle est subdivisée en Patimokkha (confession publique des péchés), Mahâvagga et Chullavagga (prescriptions quotidiennes), Suttavibhanga (commentaire des péchés), Parivâra (sorte de catéchisme).

La deuxième « corbeille » est celle des prédications du Bouddha (Sûtras). Elle est composée des cinq Nikâyas (collections) suivants : le Dîgna Nikâya (collection des textes longs), le Majjhima Nikâya (collection des textes moyens), le Samyutta Nikâya (collection variée), l'Anguttara Nikâya (collection numérotée), le Khuddaka Nikâya (collection mineure qui comprend quinze recueils dont le Dhammapada formé de sentences du Bouddha).

La troisième « corbeille » contient l'exposé de la doctrine bouddhique (Abhidhamma). C'est un ensemble de sept ouvrages de métaphysique. Le troisième, appelé Kathâvatthu, présente un intérêt particulier du fait qu'il énumère les maximes contradictoires des diverses écoles qui composaient le petit Véhicule.

Parmi les textes extracanoniques qui exposent la doctrine primitive du Bouddha, il faut faire une place à part au Milindapañha (Les Questions de Milinda). Le roi grec Milinda (Ménandre) qui de 125 à 95 avant notre ère régna en Bactriane, éprouvait une vive sympathie pour le bouddhisme. Aussi avait-il fait venir à sa cour un moine bouddhiste, Nâgasena de nom, à qui il pose de nombreuses questions. Ce dernier répond avec un tel à-propos et une telle profondeur qu'il réussit à convertir le roi. L'ouvrage qui nous relate cette conversion date probablement du début de notre ère.

La plus grande figure du petit Véhicule est sans doute *Buddhaghosa*. Né dans la seconde moitié du IVe siècle de notre ère à Bodh-Gayā, haut-lieu du bouddhisme, dans une famille de brâhmanes, il se convertit au bouddhisme et se rendit à Ceylan. Il s'y fixa au Mahâvihâra (Grand Monastère) qui était alors le centre le plus florissant des études religieuses dans l'île. C'est là qu'il composa le Visuddhimagga (Chemin de pureté), vaste encyclopédie du dogme bouddhique qui encore de nos jours fait autorité. Il est considéré par les bouddhistes indochinois comme le principal Père de l'Eglise.

Le grand Véhicule. — Vers le début de notre ère, le bouddhisme donne naissance à un mouvement nouveau qui, pour souligner l'interprétation plus large et plus généreuse qu'il donnait à la doctrine, s'appelait le grand Véhicule opposé au petit Véhicule, étroit et limité, de la doctrine primitive.

Il y a pourtant déjà dans les recueils appartenant au petit Véhicule des textes qui annoncent et préparent la venue d'une doctrine plus large et plus humaine. Qu'on en juge par la célèbre légende de Pûrna.

Un riche marchand, Pûrna de nom, est touché par la grâce. Il se rend auprès de Bouddha et lui fait part de son intention de se consacrer désormais à l'apostolat dans le pays des Çronâparântakas. « Mais, lui dit le Bouddha, ils sont violents, emportés, cruels, colères, furieux et insolents, les hommes du Çronâparânta. Lorsqu'ils se mettront en colère et t'injurieront, que penseras-tu de cela ? » — « Je penserai que ce sont certainement des hommes bons et doux, ceux qui m'adressent en face des paroles méchantes, grossières et insolentes, ceux qui se mettent en colère contre moi et qui m'injurient, mais qui ne me frappent ni de la main ni à coups de pierres. » — « Ils sont violents et emportés, les gens de ce pays-là. S'ils te frappent de la main ou à coup de pierres, que penseras-tu ? » — « Je penserai qu'ils sont bons et doux, puisqu'ils ne me frappent ni du bâton ni de l'épée. » — « Et s'ils te frappent du bâton et de l'épée ? » — « Je penserai qu'ils sont bons et doux puisqu'ils ne me privent pas complètement de la vie. » — Et s'ils te privent complètement de la vie, que penseras-tu ? » — « Voici ce que je penserai. Ce sont certainement des hommes bons que les Çronâparântakas, ce sont des hommes doux ceux qui me délivrent avec si peu de douleur de ce corps rempli d'ordures. » — « Bien, bien, Pûrna ; tu peux, avec la perfection de patience dont tu es doué, tu peux fixer ton séjour dans ce pays d'hommes violents. Va, Pûrna ; délivré, délivre ; arrivé à l'autre rive, fais-y arriver les autres ; consolé, console ; parvenu au complet nirvâna, conduis-y les autres. »

Cette nouvelle discipline ne rejeta pas l'ancienne — le canon sanscrit qu'elle établit à son tour n'est pas foncièrement différent du canon pâli du petit Véhicule — mais elle affirma qu'elle était incomplète. Selon ses docteurs, la tradition écrite n'était qu'une partie de l'enseignement du Bouddha, destinée à la grande foule qui n'était pas encore mûre à l'époque du Gautama pour saisir la sagesse dans toute sa plénitude. Le moment était venu de l'enrichir de tous les trésors de la tradition orale, c'est-à-dire des révélations que le maître avait faites à un petit nombre d'initiés qui, à leur tour, les avaient transmises à leurs disciples. Les écrits du grand Véhicule se réclament donc tous d'une origine antique ; cachés et ignorés depuis la mort du maître, ils auraient apparu à un moment où la foule des bouddhistes avaient suffisamment progressé sur la voie de la perfection pour les comprendre.

La prétention du grand Véhicule de compléter et de parachever l'enseignement du petit Véhicule est merveilleusement illustrée par la parabole du fils prodigue qu'on trouve dans l'ouvrage le plus important du mahâyâna, le Saddharma-Pundarîka (Le Lotus de la Bonne Loi).

Un jeune homme quitte la maison paternelle pour faire fortune à l'étranger. Hélas, la chance ne lui sourit pas. Pauvre et à bout de force, il retourne après une longue absence dans sa ville natale. Entre temps son père est devenu très riche. Lorsque père et fils se rencontrent en ville, le père reconnaît bien dans le mendiant pauvre et déguenillé son fils, mais le fils, impressionné par la pompe qui entoure son père, croit être en face du roi ou du ministre du roi et s'enfuit de peur d'être arrêté. Son père le fait amener devant lui, mais il s'évanouit, car il craint d'être mis en prison. Alors son père le prend à son service en le chargeant des travaux les plus humbles. Le fils est tout heureux d'avoir trouvé du travail. Pour gagner sa confiance, le maître quitte ses beaux vêtements et lui dit : « Regarde-moi comme ton propre père. Pourquoi cela ? C'est que je suis vieux et que tu es jeune, et que tu as fait pour moi beaucoup d'ouvrage en nettoyant l'endroit où on jette les ordures, et qu'en faisant ton ouvrage tu n'as donné aucune preuve de mensonge, de fausseté, de méchanceté, d'orgueil, d'égoïsme, d'ingratitude... Tu es maintenant à mes yeux comme si tu étais mon propre fils chéri. » Après avoir subi un temps d'épreuve qui dure vingt ans le maître lui confie la charge d'administrer ses biens. Et comme il continue de faire preuve d'humilité et de mépriser la richesse, son père le reconnaît enfin pour son fils et son héritier.

De même, proclament les saints du Lotus de la Bonne Loi, nous sommes les fils du Bouddha et le Bouddha nous dit aujourd'hui : « Vous êtes mes fils », comme l'homme riche a dit au pauvre : « Tu es mon fils. » Mais, comme le pauvre, nous n'avions aucune notion de notre dignité ; c'est pourquoi le Bouddha nous a fait réfléchir à un grand nombre de principes inférieurs semblables à l'endroit où on jette les ordures ; — c'est le Petit Véhicule — ; nous nous y sommes appliqués, cherchant pour salaire de notre journée le seul nirvâna, et trouvant que c'est déjà beaucoup trop pour nous. Cependant le Bouddha nous a établis dispensateurs de la sublime science des Bouddhas, et nous l'avons prêchée sans la désirer pour nous-mêmes. Enfin le Bouddha nous a révélé que cette science doit être la nôtre et que nous devons devenir des Bouddhas semblables à lui-même.

Les causes de l'apparition du grand Véhicule sont sans doute multiples et fort diverses. Mais il est certain que l'élargissement de la doctrine bouddhique correspond à sa diffusion de plus en plus grande. Le maître avait affirmé à son disciple préféré Ânanda : « Ce n'est que cinq cents ans, Ânanda, que subsistera la Bonne Doctrine. » Or, cinq cents ans plus tard, le bouddhisme, né dans le petit Etat de Bihar, s'est propagé dans l'Inde tout entière, en englobant des races et des civilisations pour lesquelles il n'était pas fait originairement. Des modifications s'imposent pour tenir compte des aspirations religieuses qu'il entendait absorber. Il est significatif que le quatrième concile qui eut lieu soit à Jâlandhara (au Pendjab) soit à Kundalavana (au Kashmir) et qui élabora les fondements de la nouvelle discipline, fut placé sous l'égide d'un prosélyte allogène, le roi Kanishka (78-110 après J.-C.), descendant des Scythes immigrés.

L'éthique du grand Véhicule. — L'originalité et la valeur du grand Véhicule résident surtout dans l'élaboration d'une éthique nouvelle. Le but suprême n'est plus d'échapper soi-même au cycle infernal des réincarnations, aspiration au fond égoïste, mais d'aider ses semblables à parvenir à cette délivrance. L'idéal, ce n'est pas le Arhat (Saint) qui n'est préoccupé que de son Nirvâna personnel, mais le Bodhisattva qui, parvenu au seuil du Nirvâna, refuse d'y entrer pour sauver ceux qu'il a laissés derrière lui et qui se débattent encore dans les rets de la Mâyâ.

Les textes du grand Véhicule insistent sur la pitié qui lui est particulière. Dans un des Sûtras du canon sanscrit (le Saddharmapundarîka) on essaie de définir les trois Véhicules. Après avoir fait ressortir l'égoïsme du petit Véhicule, voici comment le texte en question décrit les mahâyânistes :

« D'autres encore, désireux d'omniscience, d'une connaissance de Bouddha, d'une connaissance absolue, de connaissance inconditionnée, observent le commandement du Tathâgata et apprennent à comprendre la connaissance, les pouvoirs, et la certitude du Tathâgata, pour s'assurer le bien-être et le bonheur ordinaires, par compassion pour le monde, pour le bénéfice, le bien-être et le bonheur du monde en général, tant des dieux que des hommes, pour assurer le complet Nirvâna à tous les êtres. Ceux-là, peut-on dire, sont ceux qui, cherchant le Grand Char (Mahâyâna) s'enfuient du triple monde. C'est pourquoi on les appelle Bodhisattva-mahâsattvas. »

Par la conception même du Bodhisattva, le grand Véhicule ne contredit d'ailleurs pas la doctrine primitive de Bouddha ; au contraire, il ne fait que révéler ce qui était latent dans son enseignement. Car Bouddha aussi, après avoir eu l'illumination, avait résisté aux instances de Mâra qui lui conseillait d'entrer immédiatement dans le Nirvâna, pour se consacrer à un long apostolat.

C'est plutôt par l'importance extrême que prend le Bodhisattva au détriment du Bouddha, que le grand Véhicule semble s'écarter de la voie traditionnelle. Le bouddha, il est vrai, reste supérieur au bodhisattva, mais comme il réside dans des régions supra-terrestres, inaccessibles et lointaines, le fidèle mahâyâniste préfère en appeler à l'intercession du bodhisattva qui, plein d'une sollicitude infinie, se penche sur ses malheurs et ses tourments. Bien plus, sa compassion est telle qu'il est tout disposé à céder à celui qui l'implore une partie de ses bonnes actions et des récompenses qui s'y attachent. La loi du karma, d'une cruelle inéluctabilité, est ainsi battue en brèche. Le Bodhisattva consent à souffrir et à peiner non pas seulement pour son propre salut, mais pour celui des autres créatures. L'héroïsme du sacrifice de soi se trouve ainsi exalté. Rien ne distingue plus au fond le bodhisattva du saint occidental. « Avec un grand cœur plein d'amour, affirme un grand docteur de l'école mahâyàniste à propos des bodhisattvas, ils considèrent les souffrances de tous les êtres qui sont diversement torturés dans l'Enfer Avîchi en conséquence de leurs péchés — un enfer dont les limites sont infinies et où un cercle sans fin de misères est rendu possible en raison de toutes les sortes de Karmas. Les Bodhisattvas, remplis de pitié et d'amour, désirent souffrir eux-mêmes pour l'amour de ces êtres misérables. »

La mythologie du grand Véhicule. — En devenant avec le grand Véhicule religion populaire, le bouddhisme abandonne sa nature athée. On sait que dans la doctrine primitive il n'y avait pas de place pour un démiurge qui, doué d'une volonté autonome, eût pu changer l'enchaînement des causes et des effets. Aucune grâce divine ne pouvait intervenir dans l'action transcendante du karma. Mais à partir du moment où le grand Véhicule admet la possibilité d'une intercession supérieure, il était fatal que le personnage du Bouddha fût déifié. Ce fait nouveau s'exprime par la doctrine des « trois corps » d'un bouddha, c'est-à-dire de ses aspects humain, divin et cosmique. Dorénavant le bouddha possède le corps de création (nirmâna-kâya) tant qu'il séjourne sur la terre et qu'il y exerce une activité humaine ; un corps de jouissance (sambhoga-kâya) quand il est entré dans les régions supra-terrestres, et enfin le corps de la loi (dharma-kâya) lorsqu'il s'est dépouillé de toute personnification et qu'il se confond avec l'Absolu qui est à la base de tout.

Ainsi qu'il ressort de cette théorie du « triple corps », la déification comporte nécessairement une dépersonnalisation du Bouddha historique. Le petit Véhicule déjà avait soutenu que le Bouddha Gautama avait été précédé d'autres Bouddhas, mais il ne s'était guère préoccupé de ces prédécesseurs. Dans le grand Véhicule le Bouddha historique disparaît de plus en plus dans la foule innombrable des bodhisattvas et des bouddhas ayant apparu à toutes les ères mondiales que le sâmkhya s'était efforcé de dénombrer.

Dans le « Lotus de la bonne Loi » (Saddharma-

Pundarîka), l'ouvrage le plus connu du grand Véhicule, Çâkyamuni tient encore la première place. Il prêche du haut d'une montagne, entouré de centaines de milliers de bouddhas et de quatre-vingt mille bodhisattvas. Le globule lumineux qui se trouve entre ses sourcils éclaire l'univers tout entier et les dieux subjugués par l'éclat de la majesté du Bouddha répandent des fleurs et du santal.

Mais bientôt un panthéon fortement hiérarchisé des bouddhas se substitue au règne du Gautama Bouddha. Ce dernier n'y joue plus qu'un rôle de second plan. Voici dans ses grandes lignes la bouddhologie mahâyâniste :

Il existe un bouddha primitif, Adibouddha qui existe par lui-même (svayambhû) et dont émane le monde. Sa méditation fait naître les cinq « bouddhas de la méditation » (dhyânibuddhas). Par le même processus d'émanation, ceux-ci produisent les cinq « bodhisattvas de la méditation » (dhyânibodhisattvas). Enfin, sur la terre se manifestent en tant qu'émanations des bouddhas de la méditation, les cinq « bouddhas humains » (mânushi-buddhas). Çâkyamuni en est le quatrième ; il sera suivi de Maitreya, le cinquième et dernier bouddha du présent cycle de l'évolution.

Il serait vain de vouloir s'attarder à l'énumération et à la définition de tous les bouddhas et bodhisattvas qui peuplent le ciel mahâyâniste. On les compte par milliers non seulement dans les textes, mais aussi dans les temples où les artistes les ont reproduits inlassablement. Retenons-en pourtant les plus connus pour avoir quelques points de repères dans l'iconographie déroutante du bouddhisme.

Parmi les « Dhyâni-buddhas », Amitâbha, le Bouddha de la Lumière infinie, occupe une place de choix. Il est caractérisé par la couleur rouge, par le lotus qui lui sert d'attribut et l'image du paon qui l'accompagne. Il règne sur le Paradis d'Occident appelé sukhâvatî. Un des ouvrages les plus connus du mahâyâna, le Sukhâvatîvyûha (description détaillée du pays heureux) nous relate sa légende. Un moine, Dharmakara de nom, parvient, grâce à ses mérites, à l'état de bouddha, mais avant de prendre ce rang, il voulut régner sur un pays heureux où les habitants jouiraient d'un bonheur parfait jusqu'à ce qu'ils pussent obtenir le Nirvâna. C'est dans ce pays heureux que renaîtront tous ceux qui de leur vivant se seront montrés pleins de dévouement pour Amitâbha.

Un autre « dhyânibuddha » est Vairocana, ayant comme couleur le blanc, muni du disque comme attribut, et accompagné du dragon. Il jouit d'une vogue particulière au Japon où la secte Shingon le vénère comme le bouddha suprême.

Parmi les Dhyani-bodhisattvas, c'est Avalokitēçvara qui jouit de la vénération la plus grande. C'est lui qu'Amitâbha a délégué sur terre pour assister les hommes dans tous les tourments et tous les dangers. Ainsi Avalokitēçvara est devenu le dieu de la miséricorde ; il a définitivement renoncé à son droit au Nirvâna afin de pouvoir guider les êtres vivants à travers les méandres du samsâra. Les mahâyânistes l'invoquent toutes les fois qu'ils sont menacés d'un grave danger. Son culte ne le cède en rien à celui d'un bouddha. En Chine et au Japon, il est adoré sous les traits d'une femme, Kouan-yin ou Kwannon.

Les docteurs du grand Véhicule. — L'importance du grand Véhicule réside surtout dans la qualité exceptionnelle de ses penseurs. On a affirmé que c'est en eux que la pensée philosophique de l'Inde a manifesté sa plus grande vitalité et que le plus éminent des philosophes hindous, Sankara, n'a fait que traduire en Védanta les spéculations métaphysiques des docteurs du grand Véhicule.

La secte, sans doute la plus ancienne, mais en tout cas la plus importante du grand Véhicule, le Mâdhyamika se réclame de l'enseignement du grand philosophe Nâgârjuna.

Nâgârjuna vécut probablement vers 100 après J.-C. Sa biographie est à peu près inconnue. Tout ce qu'on sait, c'est qu'il appartint à une famille de Brâhmanes, qu'il était originaire du Berar et qu'il vécut une soixantaine d'années. On lui attribue un grand nombre de textes traduits en chinois.

On sait que Bouddha, hostile à la notion d'une âme individuelle aussi bien que d'une âme universelle, avait réduit le Moi à une combinaison passagère d'éléments formateurs (dharmas). Nâgârjuna ne se contente pas de cet agnosticisme qui lui paraît timide et incomplet. Les dharmas eux-mêmes, dont la permanence était pourtant indispensable à la notion de la causalité, ne sont plus considérés par lui comme des réalités absolues, étant donné qu'ils ne peuvent exister l'un sans l'autre. Il aboutit ainsi à la doctrine de la vacuité des choses. Tout est « vide » (çûnya), tel est l'axiome auquel s'arrête Nâgârjuna. Il n'y a ni naissance ni mort, ni unité ni pluralité. Tout est illusion jusqu'à la perception des sens que Bouddha avait voulu maintenir. Est-ce dire que Nâgârjuna prêche le nihilisme, dissolvant toute réalité et par voie de conséquence toute action, toute éthique ? Il ne semble pas ; car il recommande une « doctrine moyenne » (mâdhyamika). Si le « vide » n'est ni l'être ni le non-être, ce n'est pas le néant ; c'est plutôt une réalité relative où les préceptes religieux restent valables. Ce n'est, en effet, qu'en les accomplissant rigoureusement qu'on peut espérer parvenir à la connaissance parfaite du « vide » qui assure le Nirvâna.

A ceux qui objectent à la doctrine de la vacuité des choses qu'elle s'oppose à l'existence des quatre vérités saintes, à l'existence de Bouddha et à la série des douze causes, Nâgârjuna répond par le raisonnement suivant :

« Celui-là seul est troublé d'un tel scepticisme qui ne comprend point le vrai sens et la véritable interprétation de la vacuité. L'enseignement du Bouddha repose sur la distinction de deux genres de vérité : absolue et relative. Ceux qui n'ont point une connaissance adéquate de celles-ci sont incapables de saisir la profonde et subtile signification du bouddhisme. Mais si ce n'est pas la vérité relative, la vérité absolue ne peut être atteinte, et quand la vérité absolue n'est pas atteinte, le Nirvâna ne peut être obtenu. »

Le relativisme de Nâgârjuna n'était pas sans soulever de nombreuses contradictions. C'est surtout le célèbre philosophe Asanga qui entreprit de réintroduire la notion d'un Absolu dans l'école du grand Véhicule.

Asanga vécut dans la première moitié du ve siècle après J.-C. Il est originaire de la ville de Peshaver dans le Gandhâra. Après être entré en religion dans une secte du petit Véhicule, il s'en détourne et élabore la doctrine appelée « vijnânavâda » (la réalité unie à la pensée) qui devait être adoptée par un grand nombre de mahâyânistes. Il est mort dans un âge avancé à Rajgir.

Asanga aussi traite le monde extérieur d'illusion et de duperie. Mais au lieu de le plonger dans « l'absolu néant » (çûnyatâ), il en fait un produit de notre conscience (vijnâna). Le monde phénoménal devient ainsi une projection des représentations que nous portons en nous. La douleur provenant de cette fausse conception dualiste qui nous oppose au monde qui nous entoure, il importe de parvenir à la conception moniste du « vijnânavâda » qui ramène la réalité au sein de la pensée. Ce but est obtenu grâce à l'extase et à la concentration spirituelle.

Mentionnons enfin le docte poète Çântideva qui vécut vers le milieu du VIIe siècle de l'ère chrétienne et dont l'ouvrage principal, le Bodhicaryâvatâra, a été comparé à « l'Imitation de Jésus-Christ ». C'est lui le chantre émouvant et délicat de la « Grande Pitié », vertu si caractéristique pour le grand Véhicule. Il diffère pourtant profondément du mystique chrétien. Alors que ce dernier admet une différence naturelle entre le moi et le toi qu'il cherche à surmonter par le mystère d'amour, — c'est d'ailleurs cet effort de dépassement qui fait précisément toute la valeur de son sentiment de charité — le mahâyâniste Çântideva prend pour point de départ la négation du moi. Du moment qu'il n'existe pas de moi, il ne saurait y avoir un toi qui en est différent. Le moi et le toi confondus en une même indétermination, deux conclusions en découlent nécessairement : ou bien tout amour d'autrui n'est qu'amour de soi : c'est ainsi que raisonnent les Upanishads après avoir établi grâce au brahman l'identité de toutes les âmes individuelles, ou bien tout amour de soi bien compris est amour d'autrui, c'est-à-dire le véritable égoïste agit en altruiste, tel est l'avis de Çãntideva. L'interversion du moi et d'autrui devient le fondement d'une compassion bouddhique dont les plus beaux accents rappellent par plus d'un côté la tendresse franciscaine.

Ne résistons pas au plaisir de sentir le souffle de charité qui anime l'œuvre entière de Çãntideva. Le passage suivant pourra en donner une idée approximative :

« Celui qui veut sauver rapidement et soi-même et autrui doit pratiquer le grand secret : l'interversion du moi et d'autrui.

« L'amour immodéré du moi fait redouter le moindre danger : qui ne haïrait ce moi aussi inquiétant qu'un ennemi, ce moi qui, par désir de combattre la maladie, la faim, la soif, massacre oiseaux, poissons, quadrupèdes et se pose en ennemi de tout ce qui vit ; qui par amour du gain ou des honneurs, irait jusqu'à tuer ses père et mère et à ravir le patrimoine des Trois Joyaux, ce qui ferait de lui le combustible des feux de l'enfer.

« Quel homme sensé voudrait chérir, garder, soigner son corps, y voir autre chose qu'un ennemi, en faire un objet d'honneur ?

« Si je donne, qu'aurai-je à manger ? » Cet égoïsme fera de toi un ogre. — « Si je mange, qu'aurai-je « à donner ? » Cette générosité fera de toi le roi des « dieux.

« Quiconque fait peiner autrui pour lui-même cuira dans les enfers, quiconque peine pour autrui a droit à toutes les félicités.

« La même ambition qui a pour effet des supplices dans l'autre monde, la honte et la stupidité dans celui-ci, — si on la transfère à autrui, produit le bonheur céleste, la gloire, l'intelligence.

« Celui qui impose à un autre la tâche de travailler pour lui aura pour rétribution l'esclavage ; celui qui s'impose la tâche de travailler pour autrui aura pour récompense le pouvoir.

« Tous ceux qui sont malheureux le sont pour avoir cherché leur propre bonheur ; tous ceux qui sont heureux le sont pour avoir cherché le bonheur d'autrui.

« A quoi bon tant de paroles ? Comparez seulement le sot uniquement attaché à son propre intérêt et le Saint qui agit dans l'intérêt d'autrui.

« Certes, on ne saurait obtenir la dignité de Bouddha, ni même le bonheur dans le monde de la transmigration, si on n'échange pas son bien-être contre la peine d'autrui.

« Sans parler de l'autre monde, notre intérêt dans celui-ci n'est-il pas compromis si le serviteur ne fait pas sa tâche ou si le maître ne lui paie pas son salaire ?

« Loin de travailler à leur bien-être commun, ce qui est le principe du bonheur dans ce monde et dans l'autre, les hommes ne cherchent qu'à se nuire et expient cet égarement par de terribles souffrances.

« Toutes les catastrophes, toutes les douleurs, tous les périls du monde viennent de l'attachement au moi : pourquoi m'y tenir ?

« Si on ne dépouille pas le moi, on ne peut échapper à la douleur, de même que si on ne s'écarte pas du feu, on ne peut échapper à la brûlure.

« Donc, pour apaiser ma douleur et celle d'autrui, je me donne aux autres et j'adopte les autres à titre de « moi ».

« J'appartiens à autrui ! Telle doit être ta conviction, ô mon cœur. L'intérêt de tous les êtres doit être désormais ta seule pensée.

« Il ne sied pas que ces yeux qui sont à d'autres, voient dans mon intérêt ; il ne sied pas que ces mains qui appartiennent à autrui, se meuvent dans mon intérêt.

« Uniquement préoccupé du bien des créatures, tout ce que tu vois d'utile dans ton corps, tu dois le lui enlever pour le mettre au service d'autrui.

« Considérant les humbles comme toi-même et toi-même comme autrui tu peux cultiver sans scrupule l'envie et l'orgueil. »

Le double aspect du grand Véhicule. — Les mahâyânistes ont coutume d'interpréter le relativisme de Nâgârjuna et l'idéalisme absolu d'Asanga comme le second et le troisième tour de la Roue de la Loi, le premier, on le sait, ayant été accompli par Bouddha lui-même. Ces doctrines sont considérées comme des développements ultérieurs de l'enseignement primitif, rendus possibles grâce aux progrès que la communauté bouddhique a réalisés depuis sa fondation dans la voie de la connaissance. Quelles que soient les différences en vérité fort importantes qui séparent les disciples de Nâgârjuna, les mâdhyamikas, de ceux de Sanga, les vijnânavâdins, les deux écoles tiennent à rester dans le sillon tracé par Bouddha lui-même. Afin de concilier le scepticisme indiscutable qui se dégage de leurs considérations métaphysiques avec le dogme bouddhique primitif, ils ont recours à un subterfuge dont l'esprit humain est coutumier quand il veut maintenir une tradition qui se trouve dépassée par son évolution : ils distinguent deux vérités, l'une d'ordre inférieur, exotérique, l'autre, d'ordre supérieur, ésotérique. Les préceptes religieux, les rites, en un mot le dogme, restent valables et efficaces dans le monde des illusions. Comme ce monde nous paraît être en proie à la douleur, il est de notre devoir de contribuer à la cessation des souffrances. Illusion que cette plongée dans une vie qui n'existe pas, mais illusion bienfaisante et utile tout au moins pour ceux qui ne peuvent accéder à la vérité supérieure.

C'est à ce double aspect exotérique et ésotérique que le grand Véhicule doit son immense popularité. Le penseur le plus subtil y troupe son compte aussi bien que le croyant le plus primitif. L'école comprend les spéculations les plus abstraites aussi bien que les croyances populaires les plus entachées de superstitions et de fétichisme puisque les docteurs mahâyânistes se chargeaient de découvrir dans n'importe quelle forme de dévotion une valeur symbolique propre à la faire entrer dans leur système.

Etablir une doctrine à deux vérités, c'était pourtant exposer le bouddhisme à tous les dangers de contamination, c'était au fond signer son arrêt de mort. L'invasion des éléments étrangers, autorisée et pour ainsi dire encouragée par le grand Véhicule, transforme le bouddhisme au point d'effacer entièrement son caractère originel. Sa disparition même dans l'Inde, sur laquelle nous reviendrons, semble en grande partie due à la perte d'originalité que lui valut la tolérance trop généreuse du grand Véhicule.

Le Véhicule tantrique. — Le Véhicule tantrique qui se forme dans l'Inde à partir du VIIe siècle ressortit, à vrai dire, au grand Véhicule. Il en adopte les tendances syncrétistes, mais dans une mesure beaucoup plus grande encore. Dans le Véhicule tantrique, l'hindouisme, évincé en partie pendant des siècles par l'hétérodoxie bouddhique, prend sa revanche : il fait partager au bouddhisme dont la pureté et la simplicité avaient tant juré avec la luxuriance quasi congénitale de la pensée indienne, ses aspects les plus extravagants, le tantrisme et le shaktisme.

Le tantrisme. — C'est vers le VIe siècle de notre ère que des ouvrages religieux, appelés « tantras » (livres), font leur apparition dans la vie religieuse indienne. Nombreux sont ceux qui les considèrent comme des révélations divines et qui les mettent sur le même rang que les autres écritures sacrées. Bien que la littérature des tantras soit immense et que leur contenu soit des plus variés, ils se présentent tous plus ou moins comme des manuels pratiques de rites. Les tantras visent moins à donner une explication théorique du monde et de la vie qu'à décrire les procédés magiques qui permettent de réaliser des fins supranaturelles. Prenant comme point de départ la conception d'un univers où tout se tient du plus grand au plus petit, où des rapports innombrables existent entre tous les phénomènes — vision grandiose en vérité qui donne au tantrisme, quelque grotesque qu'il puisse paraître par ailleurs, ses lettres de noblesse — les tantras établissent des analogies, des rapprochements, des ressemblances grâce à la connaissance desquels il est possible d'intervenir dans la marche du monde.

Une grande importance est attribuée aux mantras, syllabes sacrées qu'il suffit de prononcer à voix basse pour pénétrer l'Absolu. On les représente souvent par des diagrammes qui, gravés sur métal, font l'objet d'une vénération intense. A l'invocation pleine de foi de Bouddha se substitue la récitation mécanique d'une formule dépourvue de toute valeur proprement religieuse et souvent même de sens.

Les rites sacrés aussi sont dépouillés de tout sentiment religieux véritable et orientés vers la magie pure. Grâce à la mise en œuvre de rapports mystérieux entre l'Absolu et un yoga qui fait appel aux ressources de la pensée, de la parole et du corps, le yôgi, initié au rituel des tantras, dispose de pouvoirs surnaturels. Parmi ces procédés physiques, auxquels se complaît le tantrisme, les exercices respiratoires jouissent d'une faveur particulière. Convaincus de la réversibilité des efforts physiques et du travail de perfectionnement spirituel, les sectateurs du tantrisme négligent l'octuple voie de Bouddha faite de méditation et de connaissance intérieure, pour se consacrer exclusivement à une ascèse qui doit les rendre maîtres du rythme respiratoire.

Le shaktisme. — La doctrine qui finit par dénaturer complètement le bouddhisme, fut celle du shaktisme, c'est-à-dire le culte des divinités féminines.

On sait à quel point Bouddha s'était montré méfiant à l'égard de toute intrusion d'élément féminin dans sa doctrine. C'est à contrecœur qu'il avait admis les femmes dans la communauté bouddhique ; encore avait-il voulu qu'on les tînt dans un état de subordination presque humiliante. Lorsque Ānanda, disciple préféré de Bouddha, demandait à son maître les raisons de cette hostilité, Bouddha lui répondit par la tirade suivante : « Méchantes, Ānanda, sont les femmes ; jalouses, Ānanda, sont les femmes ; envieuses, Ānanda, sont les femmes ; stupides, Ānanda, sont les femmes. »

Or, voici que sous la poussée irrésistible des croyances populaires, d'origine probablement non aryenne, le culte des shaktis est accueilli par le bouddhisme, d'essence si nettement mâle.

De même que le shaktisme hindouiste associe à Çiva, élément immuable, statique, la shakti, force créatrice, dynamique qui grâce à son pouvoir d'illusion (mâyâ) engendre le monde phénoménal, et qu'il présente cette union sous la forme de l'amour sexuel qui lie l'homme (Purusha) à la femme (Prakriti, littéralement nature), de même le bouddhisme, sous la forme aberrante du Véhicule tantrique, dote tous les bouddhas et bodhisattvas d'un pendant féminin auquel il leur faut s'unir pour parvenir à l'union éternelle.

L'étreinte amoureuse d'une femme initiée aux rites sacrés du shaktisme, l'introduction de la foudre (vajra) dans le lotus (padma) est ce chemin de traverse que recommande le bouddhisme tantrique à quiconque veut accéder rapidement à la perfection.

La mythologie du bouddhisme s'enrichit ainsi d'innombrables shaktis dont chacune accompagne un partenaire masculin déterminé. La plus connue est sans doute Târâ, la « libératrice », compagne du dhyâni-bodhisattva Avalokitēçvara. Elle est représentée sous cinq couleurs ; tantôt effrayante et avide de sacrifices humains comme la shakti hindouiste Kâlî, quand elle est de couleur rouge, jaune ou bleue, tantôt douce et compatissante quand elle est blanche ou verte.

Né de la combinaison d'un ésotérisme confus et d'un mysticisme érotique souvent abracadabrant, le Véhicule tantrique s'éloigne singulièrement de l'agnosticisme universellement intelligible de Bouddha. A vrai dire, ce dernier tour de la Loi qui s'accomplissait alors que le bouddhisme finissait sa carrière dans l'Inde, n'a de bouddhique que le nom. Seules subsistent dans cette école la terminologie et les traditions de la doctrine primitive.

Chapitre II

LE BOUDDHISME DANS L'INDE ET SON EXTENSION DANS L'ASIE MÉRIDIONALE

Le troisième concile bouddhique, le plus important puisqu'il fixa le Canon d'une façon définitive, fut convoqué par le roi Açoka. Aussi bien est-on en droit de considérer celui-ci comme le Constantin du bouddhisme. C'est sous son règne que la nouvelle doctrine se propagea à travers tout le continent indien.

Açoka le Pieux. — Açoka était le petit-fils de Chandragupta, le Sandrakottos des historiens grecs, qui, après le passage d'Alexandre le Grand dans le Pendjab, avait fondé l'Empire maurya qui englobait les bassins du Gange et de l'Indus, et fils du roi Bindousâra qui avait réussi à repousser les frontières de l'Empire jusque dans le sud de l'Inde. Suivant l'exemple de ses prédécesseurs, Açoka commença par entreprendre des guerres de conquête. Mais, pris de remords à la vue des horreurs de la guerre lors de la conquête de Kalinga (région située sur la côte orientale de l'Inde), le roi se met à haïr toute violence et se sent attiré par la douceur et la pitié qui inspirent le bouddhisme. Aussi consacre-t-il désormais sa vie à propager la doctrine du Bouddha et à faire accepter par son peuple la charité universelle de Çākyamuni.

« Immense, proclame-t-il, est le Kalinga conquis par le roi à la face aimée, cher aux Dieux. Des centaines de milliers de créatures y ont été enlevées, cent mille y ont été frappées ; bien des fois le même nombre y sont mortes. Alors le roi cher aux dieux s'est aussitôt, depuis l'acquisition du Kalinga, tourné vers la Loi, il a conçu le zèle de la Loi, il s'est appliqué à la diffusion de la Loi, si grand est le regret qu'a ressenti le roi cher aux dieux dans la conquête du Kalinga. »

Décidé à faire régner dans son royaume la « Loi », il fait graver dans les diverses parties de son royaume des édits rupestres tout imprégnés de la morale bouddhique. Edits d'une importance capitale pour l'histoire de l'Inde d'une part : ce sont, en effet, les premiers monuments de l'épigraphie indienne, d'une valeur inestimable pour la chronologie de l'Inde ; mais ce sont aussi les premiers textes bouddhiques qui nous soient parvenus, d'une élévation d'esprit exceptionnelle et d'une hauteur de vue qu'on ne retrouve que rarement dans les textes ultérieurs.

Qui a mieux fait sentir que Bouddha était l'apôtre de la paix que ce roi quand il recommande à ses sujets de substituer aux conquêtes par les armes les conquêtes de la Loi ?

Qu'ils ne pensent pas que la conquête par les armes mérite le nom de conquête ; qu'ils n'en voient que l'ébranlement, la violence. Qu'ils ne considèrent comme une vraie conquête que les conquêtes de la Loi. Elles valent pour ce monde et pour l'autre ; qu'ils fassent tout leur agrément des plaisirs de la Loi, car ceux-là ont leur prix et dans ce monde et dans l'autre.

Voici en quels termes il prêche la tolérance envers toutes les sectes et toutes les religions :

« Toutes les sectes se proposent l'asservissement des sens et la pureté de l'âme.... le Bien est la moelle de toutes les sectes... Ce développement de l'essence de toutes les sectes peut se faire, il est vrai, de beaucoup de manières. Mais, pour toutes, il a une même racine, c'est de surveiller son langage, de ne pas célébrer sa communauté en décriant les autres... Il faut, au contraire, rendre aux autres sectes les honneurs qui conviennent, et cela en toutes circonstances. Quiconque agit ainsi fait prospérer sa secte et se rend utile aux autres sectes. Que tous désirent entendre et apprendre le bien les uns des autres. »

Açoka ne se contente pas d'attirer ses seuls sujets vers la nouvelle doctrine, il envoie des missionnaires bouddhistes dans tous les Etats voisins. Cette évangélisation est couronnée d'un plein succès : Ceylan et la Birmanie adhèrent à la foi bouddhique, il est probable que quelques idées bouddhiques parviennent jusque dans les royaumes grecs de la Méditerranée, la Syrie, l'Egypte et peut-être même la Macédoine. Grâce à l'activité missionnaire d'Açoka, le bouddhisme commence à prendre rang d'une religion universelle.

Rien ne semble désormais pouvoir arrêter l'essor du bouddhisme. Ses progrès sont surtout sensibles dans l'Inde du Nord-Ouest, dans le Cachemire, et même dans l'Afghanistan, pays qu'on considérait pourtant comme un haut-lieu du brahmanisme.

L'Inde gréco-bouddhique. — L'Empire maurya ne survécut pas longtemps à la mort d'Açoka. Le nord-ouest de l'Inde tomba de nouveau entre les mains de conquérants grecs. Il s'ensuivit un contact étroit entre le bouddhisme et l'hellénisme qui allait infuser une force nouvelle à la doctrine de Bouddha et favoriser son extension grâce à la création d'un art gréco-bouddhique.

Des princes grecs s'intéressent vivement à la foi

bouddhique et y adhèrent même parfois : c'est le cas de Ménandre (Milinda) dont les entretiens avec le moine Nâgasena forment, comme on sait, le thème d'un des ouvrages les plus connus du petit Véhicule.

L'invasion des Scythes mit fin à la domination grecque dans ces régions de l'Inde. Néanmoins les nouveaux maîtres prirent à leur compte la civilisation gréco-bouddhique. La dynastie indo-scythe des Kouchâna qui avait choisi comme capitale Péchaver ne manque pas de témoigner sa sympathie pour la doctrine bouddhique. Le roi Kanishka surtout, le plus grand de cette lignée, se montre plein de sollicitude à l'égard des moines bouddhistes. C'est le grand poète et penseur bouddhiste Açvaghosha qui lui sert de conseiller spirituel. C'est lui qui convoqua le quatrième concile d'où devait sortir la doctrine du grand Véhicule.

Déclin du bouddhisme dans l'Inde. — L'absence presque complète de documents indiens ne nous permet pas de suivre pas à pas l'histoire du bouddhisme dans l'Inde pendant les premiers siècles de notre ère. Mais nous possédons heureusement les récits des pèlerins chinois qui se rendirent dans la patrie du Bouddha pour y retrouver les lieux saints et recueillir les textes sacrés et les reliques. Fa-Hien qui se rend en Inde vers 400 après J.-C. est émerveillé de la floraison extraordinaire de la foi bouddhique. C'est donc vers le ve siècle de notre ère qu'il convient de fixer l'apogée du bouddhisme indien. Il s'est répandu à travers tout le continent indien, sans qu'il ait pourtant réussi à évincer les deux autres religions, le jaïnisme et l'hindouisme. Hiuan-Tsang y arrive vers 630. Il est admirablement reçu par le roi Harsha, protecteur zélé du bouddhisme.

Mais dès cette époque, la doctrine est en butte aux attaques des brahmanes qui essaient de saper une croyance qu'ils considèrent comme une hétérodoxie. Le roi Harsha lui-même doit se défendre contre leurs intrigues. Yi-Tsing, enfin, qui y séjourne cinquante ans plus tard, note de nombreux signes d'une décadence croissante. La contre-réforme brahmanique qui débute au VIIIe siècle, ne fait qu'accélérer la disparition progressive du bouddhisme.

À partir du IXe siècle de notre ère, le bouddhisme ne se maintient plus que dans les régions où il jouit des privilèges d'une religion d'Etat, c'est-à-dire dans sa province natale de Bihâr et au Bengale. La dynastie des Pâlas lui garde sa fidélité et fonde même la célèbre université de Vikrama-shîla sur le Gange dont l'enseignement bouddhique, sous la forme tantrique, il est vrai, allait décider de l'orientation religieuse du Tibet C'est l'invasion musulmane qui porte à la doctrine le coup mortel. En 1193, Ikhtiyar-ud-din Mohammed Bakhtyar prend la capitale du Bihâr d'assaut, détruit les monastères et massacre les moines. C'est ainsi que s'achève la carrière indienne du bouddhisme qui s'étend sur près de quinze siècles.

De nos jours, le nombre des bouddhistes indiens est extrêmement réduit. Le recensement de 1973 compte sur un ensemble de 548 millions d'habitants 3 800 000 bouddhistes, c'est-à-dire 0,6 %. La grande majorité habite le Bengale du Nord où l'influence tibétaine a joué en faveur du maintien du bouddhisme. Il y a en outre quelques milliers de fidèles dans l'Assam, d'origine birmane pour la plupart. En ce qui concerne le reste, il s'agit de néophytes gagnés au bouddhisme par une action missionnaire intense exercée surtout par l'église cingalaise.

Raisons probables de la disparition du bouddhisme dans l'Inde. — Surprenant destin que celui du bouddhisme qui disparaît pour ainsi dire complètement du pays qui l'a vu naître, mais qui, après avoir traversé des déserts et des mers, est appelé à prospérer dans presque tous les pays d'Extrême-Orient. Pour expliquer ce phénomène apparemment paradoxal on a avancé de multiples raisons dont chacune est sans doute fort valable en soi, mais dont la diversité même montre abondamment qu'on est en face d'un de ces mystères de l'histoire que la raison humaine ne saurait percer complètement.

Il est permis d'attribuer une certaine part de responsabilité à l'attitude du clergé bouddhiste lui-même. Bien qu'il ne faille pas attacher une trop grande importance à l'œuvre de dénigrement auquel la littérature hindoue, dominée par les brahmanes, se livre à son égard, il est certain que le scepticisme philosophique qui caractérise le bouddhisme, prédispose à un certain épicurisme. De la voie moyenne qu'avait enseignée le Bouddha, à distance égale de l'ascèse et de la jouissance, voie si difficile à suivre, étant donné la faiblesse de la nature humaine, le clergé bouddhiste ne retient que le rejet de l'ascèse. Les drames hindous se plaisent à représenter le moine bouddhiste comme un être gourmand et sensuel par définition, alors que la nonne bouddhiste se livre à la besogne dégradante d'entremetteuse.

Mais la raison principale, il nous la faut probablement chercher dans l'évolution même de la doctrine. En accueillant de la façon la plus large les croyances populaires, le bouddhisme se rapproche de plus en plus de l'hindouisme. En principe, la fusion aurait pu se faire aussi bien au profit du bouddhisme. Mais l'hindouisme, s'appuyant d'une part sur l'organisation sociale de l'Inde puisqu'il défend le régime des castes, fort d'autre part de l'autorité que les Védas gardaient auprès du peuple, était mieux armé pour le combat que le bouddhisme qui se plaçait en dehors de la vie active et qui ignorait la tradition sacrée de l'Inde.

On a également émis l'hypothèse de persécutions sanglantes dont les bouddhistes auraient été victimes. Il est certain que les Brahmanes ne pouvaient manquer de combattre une doctrine qui mettait en péril leur position privilégiée. Mais selon toute vraisemblance, c'était une lutte idéologique plutôt qu'une lutte sanglante. L'invasion musulmane, il est vrai, se solde par le massacre des derniers bouddhistes. Mais le même fléau s'abattit sur l'hindouisme. Si celui-ci a mieux résisté c'est qu'il était profondément ancré dans le sol indien, alors que le bouddhisme n'était déjà plus qu'une survivance qui ne se maintenait que grâce à la volonté de la dynastie Pâla. Celle-ci défaite, le bouddhisme n'a plus de raison d'être.

Influence du bouddhisme sur l'hindouisme. — Le bouddhisme qui pendant tant de siècles avait exercé un empire quasi souverain sur la pensée indienne, ne pouvait disparaître sans y laisser des traces profondes. La contre-réforme brahmane elle-même qui se fait sous le signe du Vedanta, s'inspire de quelques-unes de ses idées directrices. C'est si vrai que le plus grand des philosophes hindous, Çankara, promoteur du Vedanta, se voit souvent qualifié de « bouddhiste mal déguisé ». A l'instar des grands docteurs du grand Véhicule, Çankara admet une double vérité : un savoir inférieur qui justifie la tradition sacrée et les croyances populaires, et un savoir supérieur qui saisit l'irréalité du monde. Il rejette également la notion de l'âme individuelle, en déclarant que celle-ci est une création de la mâyâ, de l'illusion universelle. Concurremment avec le jaïnisme, le bouddhisme a également familiarisé la pensée hindoue avec la prescription de l'ahimsâ, la non-violence qui s'applique jusqu'aux animaux.

Le bouddhisme dans l'Asie méridionale. — Si le bouddhisme est mort dans l'Inde proprement dite vers la fin du XIIe siècle, il survit et prospère sous la forme du petit Véhicule, c'est-à-dire sous sa forme la plus pure, dans plusieurs pays de l'Asie méridionale : à Ceylan, en Birmanie, en Thaïlande, au Cambodge et au Laos.

Mentionnons que l'Indonésie appartenait également à la sphère d'expansion bouddhiste. Dès le VIIIe siècle de notre ère, la doctrine du « grand Véhicule » y trouve de nombreux adeptes. Mais au XIVe siècle, le bouddhisme ainsi que l'hindouisme sont chassés de ces contrées par l'Islam. Les derniers fidèles javanais se réfugient dans l'île de Bâli où leurs descendants ont réussi à maintenir, bien que ce soit sous une forme altérée, l'ancienne croyance. A Java même, se dresse toujours en témoignage du passé bouddhique le temple-montagne bouddhique de Borobudur, stûpa énorme qui fut construit vers 850.

Le bouddhisme à Ceylan. — La conversion de Ceylan est due à l'activité missionnaire d'Açoka. Celui-ci envoya, en effet, son fils ou son frère Mahendra chez le roi Tissa et ce dernier accepta le message de la triple corbeille avec tout son peuple. Depuis plus de deux mille ans, Ceylan n'a jamais cessé d'être le foyer le plus actif du bouddhisme. Le canon pâli a été élaboré par des moines cingalais, bientôt suivi de commentaires qui furent rédigés d'abord en cingalais, ensuite en pâli.

Des sanctuaires fastueux témoignent de la ferveur religieuse des habitants de l'île du Lion : le plus connu de tous est le fameux temple de la Dent, où dans un vieux kiosque de marbre se trouve enchâssée la dent jaune et sacrée de Bouddha.

Le bouddhisme en Birmanie. — Ce sont encore des missionnaires envoyés par Açoka qui introduisirent le bouddhisme en Birmanie. C'est sous le règne d'Anuruddha, roi de Pâgân (XIe siècle de notre ère) qu'il devient la religion officielle du pays. Désireux de prendre connaissance des textes sacrés et de s'emparer des reliques qui se trouvaient entre les mains du roi des Môn du Pégu, Anuruddha, après avoir essuyé un refus de ce dernier qui ne voulut lui communiquer les objets désirés, entreprend une campagne et ramène à Pagan le roi Môn, les textes sacrés, les reliques et de nombreux moines.

De nos jours encore le bouddhisme imprègne profondément la vie des Birmans. Tout laïc est tenu à faire un stage dans une bonzerie, avant de devenir majeur. C'est à juste titre qu'on appelle Rangoon « la ville aux mille Bouddhas ». Parmi les innombrables sanctuaires qui ornent la capitale de la Birmanie, le plus renommé est la pagode Shwe Dagon, qui passe pour la plus belle du monde. Elle est l'objet d'une vénération particulière puisqu'elle est censée contenir les reliques des quatre bouddhas, des cheveux de Gautama, le bol à aumônes, la robe et le bâton de voyage de ses trois prédécesseurs.

Le bouddhisme en Thaïlande. — Dès son entrée dans l'histoire (vers le XIIIe siècle de notre ère) la Thaïlande professe la doctrine bouddhique. Il est probable que celle-ci lui ait été apportée de Ceylan. Grâce au caractère officiel qui lui est reconnu et grâce à l'existence d'une cour royale qui le patronne, le bouddhisme thaïlandais, bien qu'il comporte de nombreuses superstitions et croyances populaires, brille d'un éclat particulier.

Le bouddhisme au Cambodge. — Le Cambodge, pays des Khmers, fut dès les premiers siècles de notre ère en contact avec la civilisation indienne. Pendant près de dix siècles, le brahmanisme et le bouddhisme sous sa forme mahâyâniste y cohabitent. Au cours du XIVe siècle, l'influence thaïlandaise fait prévaloir le bouddhisme du petit Véhicule qui jusqu'à nos jours est resté la religion exclusive du Cambodge.

La civilisation khmère eut une influence décisive sur l'iconographie bouddhique. Elle créa, vers le XIIe siècle, alors que sa statuaire atteignit l'apogée, l'image du Bouddha au sourire énigmatique, ce dieu qui a échappé aux illusions du monde et qui jouit du bonheur ineffable du Nirvâna. C'est de cette époque que date le temple de Bayon, au centre de l'actuel Angkor, qui est surmonté du quadruple visage souriant du plus célèbre des bodhisattvas mahâyânistes, Avalokitēçvara.

Chapitre III

LE BOUDDHISME AU TIBET ET EN MONGOLIE

C'est dans les régions mystérieuses du Tibet, plateau perché à 5 000 m d'altitude, que le bouddhisme a remporté sa plus grande victoire. Il y a donné naissance à une théocratie qui repose sur la ferveur religieuse extraordinaire de ses habitants. Un tibétain sur cinq se voue à la vie monastique : chaque famille compte donc nécessairement plusieurs des siens dans les ordres.

Il est vrai que c'est le bouddhisme du Véhicule tantrique, le bouddhisme le plus abâtardi qui a conquis la masse tibétaine. Encore les Tibétains lui ont-ils joint les rites magiques et la sorcellerie de l'ancienne croyance « Boen ». Il n'en reste pas moins que le spectacle d'une nation que la nature destinait à rester séparée du reste du monde et à l'écart de toute civilisation, et qui grâce à un élan religieux exceptionnel se fait la gardienne des écritures saintes et la créatrice d'un art original d'une beauté souvent poignante, ne laisse de nous paraître prodigieux.

Histoire du bouddhisme tibétain. — La légende reporte l'introduction du bouddhisme au Tibet au règne du roi Srong-tsan-gam-po (VIIe siècle de notre ère). Celui-ci se maria avec deux princesses bouddhistes, l'une népalaise, l'autre chinoise. Grâce à l'influence de ces dernières, le bouddhisme se répandit vite dans les milieux de la cour.

Mais ce furent surtout des moines indiens qui firent connaître la doctrine au peuple. Vers 750 après J.-C. arriva dans le Pays des Neiges le « guru » Padmasambhava (« fils du Lotus »), porteur du message du Véhicule tantrique. C'est son enseignement qui fournit la base doctrinale de la secte ancienne des lamas rouges qui l'honore encore aujourd'hui comme une divinité.

Vers 1050, l'Université de Vikramashîla, dernier foyer du bouddhisme indien décadent, dépêcha un de ses maîtres au Tibet ; c'était le célèbre Bengali Atîça qui apporta avec lui la doctrine mystique du Kâlaçakra (Roue du Temps). L'emprise du bouddhisme devint bientôt si forte que le pouvoir temporel passa aux mains des moines. Cette évolution était facilitée du fait que les adeptes de la secte rouge admettaient le mariage — ce qui était absolument contraire à l'enseignement primitif de Bouddha — et qu'ils purent ainsi transmettre le pouvoir de père en fils.

Le monachisme tibétain s'écartant de plus en plus des prescriptions religieuses, une réforme énergique fut entreprise au XIVe siècle par Tsong-ka-pa (l'homme du val des oignons, où fut construit par la suite le couvent Ku-mbum). C'est lui qui fonda la secte jaune qui, à l'encontre de la secte rouge, interdit le mariage. Son activité eut une telle répercussion que les Tibétains firent de lui leur plus grand père d'église.

Par la suite, l'église jaune réussit à éliminer presque complètement sa rivale rouge. Il subsiste encore au Tibet quelques bonnets rouges ; mais ils ne tiennent plus que le rôle de sorciers.

L'influence de plus en plus grande de l'église jaune dépassa bientôt les frontières du Tibet. Les Mongols qui, pendant un certain temps, avaient été conquis par l'église rouge, mais s'en étaient de nouveau écartés, adhérèrent à l'église jaune vers le milieu du XVIe siècle et lui ont gardé leur fidélité jusqu'au XXe siècle. Lorsque le « Bouddha vivant » d'Ourga (Oulan-Bator) mourut en 1924, il ne fut plus remplacé. Depuis lors, le déclin du lamaïsme mongol semble irréversible.

Depuis la réforme du XIVe siècle, le bouddhisme tibétain n'a guère évolué. Tout au plus, les formes extérieures du culte ont-elles gagné en splendeur et en majesté. L'effort religieux, depuis Tsong-ka-pa s'est limité à l'établissement d'une hiérarchie ecclésiastique stricte, à l'organisation des monastères et à l'enrichissement de la liturgie.

Le Lamaïsme. — La forme particulière que le bouddhisme a prise au Tibet porte le nom de lamaïsme. « Lama » fut d'abord un titre honorifique qu'on décernait à des moines d'un rang supérieur, mais actuellement tout moine tibétain est qualifié de « lama ». Le lamaïsme exprime donc la théocratie telle qu'elle s'exerce au Tibet par l'intermédiaire des moines.

Une hiérarchie rigoureuse assimile les chefs ecclésiastiques au tableau des bouddhas et bodhisattvas établi par le grand Véhicule. A la tête de l'Eglise tibétaine il y a deux grands lamas, l'un qui depuis 1575 porte le titre de Dalaï-Lama (le Lama pareil à l'Océan), incarnation du célèbre bodhisattva Avalokitēçvara, l'autre celui de Pantchen-Lama (le Lama qui est un joyau), incarnation du vénéré Bouddha Amitâbha. Le Dalaï-Lama réside au couvent Pota-la de la capitale Lhassa et exerce le pouvoir temporel, le Pantchen-Lama au monastère de Ta-shi-lhum-po d'où il fait rayonner son pouvoir spirituel.

Profitant de l'appui de ce dernier, la Chine communiste envahit le Tibet en 1950. Dès lors, l'influence du lamaïsme se trouve considérablement réduite ; il est, en effet, considéré par Mao-tsé-toung comme une chose néfaste entraînant l'arrêt du progrès économique et la dépopulation. Il est à craindre que le lamaïsme finisse par disparaître totalement.

Le second rang de la hiérarchie est occupé par les hutuktus, incarnations de bodhisattvas et de dieux. Leur nombre est fixé à 180, dont 50 résident au Tibet, 76 en Mongolie, 35 dans la région de Koukou-nor, 5 à Chamdo et 14 à Pékin.

De nombreux prêtres enfin sont considérés comme des réincarnations de dieux et de saints inférieurs. Leur nombre s'accroît constamment ; car la présence d'un dieu incarné dans un monastère est propre à attirer les pèlerins si nombreux au Tibet et contribue ainsi au rayonnement de son lieu de résidence.

La réincarnation des bouddhas et des bodhisattvas est prise à la lettre par le lamaïsme. Aussi quand la mort enlève le lama qui a été considéré comme l'incarnation d'un être divin, les Tibétains admettent que son âme a cherché refuge dans une autre créature. On se met aussitôt à la recherche d'un enfant dans le corps duquel s'est réalisée la nouvelle réincarnation. Quand on a fini par le trouver grâce à des événements extraordinaires qui ont entouré sa naissance ou grâce aussi à des miracles qu'il a lui-même accomplis, on l'amène devant les membres de l'ordre religieux auquel appartenait le Bouddha défunt, et on le soumet à un examen. Lorsque l'enfant a prouvé qu'il est le successeur véritable — il lui faut reconnaître les objets qui ont appartenu à son prédécesseur, etc. — il est aussitôt élevé à la dignité du lama défunt.

Il est inutile de dire que le choix du candidat dépend souvent, sinon toujours, de considérations beaucoup plus pratiques. Ainsi, autrefois, le gouvernement chinois veillait au choix des deux grands lamas.

C'est un véritable culte qu'on rend aux Bouddhas vivants ; pendant les offices, ils font l'objet d'une adoration quasi divine.

Le mantra. — Les rites de l'Eglise tibétaine reflètent par leur complexité extrême le mélange religieux étonnant qui a abouti à son établissement : puérilité dévote et mysticisme profond, spiritualisme intense et superstition grossière s'y côtoyent et ont donné naissance à une débauche rituelle faite de cérémonies magnifiques accompagnées de chants pieux que soutiennent des gongs, des clochettes, des cymbales, de danses mythiques, et de tours sacrés dont on honore les objets saints. Mais c'est surtout l'importance donnée par le Véhicule tantrique aux mantras qui se trouve portée à son paroxysme. La formule sacrée « Om mani padme hum » semble concentrer sur elle toute la ferveur mystique dont l'âme tibétaine est capable.

Le sens de cette formule incantatoire reste peu sûr. On a soutenu que cette invocation s'adressait originairement à la skakti aux mains de lotus (= Manipadmâ) du bodhisattva Avalokitêçvara. La traduction serait donc la suivante : « Om ! Manipadmâ ! hum », Manipadme étant le vocatif du nom. Qnoi qu'il en soit, la formule est actuellement vide de tout sens exotérique. L'interprétation ésotérique est permise aux Tibétains qui d'ailleurs ne s'en privent pas, mais aboutit en Europe à un pur charlatanisme.

Etant donné que le mantra est considéré comme une parcelle du pouvoir divin et que sa prononciation confère une puissance surnaturelle, les Tibétains s'ingénient à répéter eux-mêmes et à faire répéter par tous les moyens cette formule clé. Des inscriptions faites aux rochers et aux pierres la proclament pour l'éternité, des drapeaux de prière, plantés près de chaque maison la portent en lettres de feu, mettant à l'abri ceux qui habitent sous leurs plis. Mais le moyen le plus efficace est le moulin à prières qu'on fait tourner en le tenant par le manche : celui-ci contenant une bande de papier où se trouvent imprimées ou écrites les syllabes sacrées, il est possible de répéter d'innombrables « Om mani padme hum » dans un minimum de temps. Au sujet du moulin à prières un savant orientaliste s'est livré à des calculs que nous voudrions reproduire à titre de curiosité :

Chacune des douze feuilles qu'il contient mesure 23 cm de haut et 67 de long ; les marges en haut et en bas sont d'environ 1 cm 3/4, sur les côtés de 3 cm. La feuille contient 41 lignes, chacune portant 60 fois la prière « Om mani padme hum » imprimée en rouge en écriture tibétaine. Chaque feuille contient 41 × 60 = 2 460 prières, par conséquent, les douze feuilles 12 × 2 460 = 29 520 prières débitées en un seul tour. Comme on peut facilement faire 120 tours par minute, on récite ainsi 3 542 400 prières, chiffre qui peut satisfaire même le plus dévot.

Extension du lamaïsme. — Bien que le lamaïsme soit un phénomène typiquement tibétain, il n'a pas manqué de rayonner à son tour. C'est surtout à la faveur des invasions mongoles en Chine et au Tibet et grâce à la sympathie que Gengis-Khan et ses successeurs, en particulier son petit-fils Quoubilaï, témoignèrent au bouddhisme que celui-ci, sous sa forme tibétaine, se propagea en Mongolie, vers le XIIIe siècle. Les monastères du Grand Kouran et d'Ourga, résidence du « Bouddha vivant », sont devenus des hauts-lieux du lamaïsme. Cependant, lorsque en 1338, la dynastie mongole fut chassée de Chine par la révolte des Ming, le lamaïsme subit une certaine éclipse.

Son influence, bien que recouverte par des apports mahâyânistes, reste assez sensible en Chine. Notons que le célèbre temple Yong-ho-Kong de Pékin, appelé à juste titre « Temple des Lamas », fut construit au XVIIIe siècle sous le règne de la dynastie mandchoue afin de servir au culte lamaïque.

Chapitre IV

LE BOUDDHISME EN CHINE

Il arrive souvent que dans un tableau des religions universelles on gonfle les effectifs du bouddhisme du nombre total des habitants de la Chine. Or, rien n'est plus faux. La constatation générale que nous avons faite à propos du bouddhisme, à savoir qu'il était moins une religion qu'une discipline et qu'il offrait une voie d'évasion qui pouvait se pratiquer dans n'importe quel cadre religieux ou social, vaut pour la Chine plus encore que pour les autres pays d'influence bouddhique.

Trois religions, en effet, s'y sont interpénétrées au point de former un tout quasi inextricable. Le Chinois est-il confucianiste, taoïste ou bouddhiste ? Question à laquelle la plupart d'entre eux seraient probablement embarrassés de répondre. L'appartenance à une doctrine n'exclut point la possibilité de faire appel, dans certaines circonstances, au service d'une autre doctrine. Les Chinois précisent eux-mêmes qu'il y a bien trois religions mais qu'elles forment une seule famille.

Pour comprendre le rôle spécifique du bouddhisme dans ce syncrétisme religieux, pour saisir les raisons de la faveur et aussi des résistances qu'il a rencontrées en Chine, il est donc nécessaire d'esquisser les deux autres religions dont les fondateurs — curieuse coïncidence — furent plus ou moins des contemporains de Bouddha ; une telle juxtaposition nous permettra d'entrevoir dans quelle mesure le bouddhisme comblait des lacunes laissées par ses deux rivaux et aussi dans quelle mesure il s'opposait à eux.

Le confucianisme. — Il n'est pas exagéré de dire que la doctrine de Confucius (551-479) avant J.-C. se situe à l'antipode de celle de Bouddha. Alors que ce dernier ne voit le salut de l'homme que dans la sortie de la vie pratique et qu'il ne reconnaît à vrai dire comme voies de perfection que le célibat et l'état monastique, Confucius ne conçoit pas qu'une morale puisse se pratiquer en dehors de la famille et de l'ordre social. Selon le confucianisme, l'homme doit aspirer à la perfection non pour son propre salut mais pour le maintien et l'épanouissement de sa famille et de l'Etat. Leibniz, après avoir pris connaissance du Yi-King, un des livres les plus importants du canon qu'on attribue à Confucius, le traitait en table de multiplication. La morale prêchée par Confucius, bien qu'on ne puisse lui renier un caractère élevé, est, en effet, une morale utilitaire, et pour cette raison, trop souvent d'une sécheresse toute mathématique.

De par son aspect civique, le confucianisme était prédestiné à devenir religion d'Etat. Mais on conçoit aisément que cette religion, démunie de mysticisme, ne pouvait satisfaire les masses populaires. D'autre part, cette religion éminemment pratique ne pouvait manquer de s'opposer à la doctrine individualiste et en quelque sorte asociale du bouddhisme. Les confucianistes, en effet, ont toujours considéré le bouddhisme comme une hétérodoxie ; c'est ainsi que s'expliquent les persécutions que le bouddhisme eut à subir par moments en Chine.

Le taoïsme. — Le taoïsme, par contre, est d'une tout autre nature. Le mot « tao » signifie originairement la voie ; par extension, la « voie » devient le principe qui régit le monde. Il unit en lui le dualisme grâce auquel le cycle de la vie est maintenu : le yin, principe féminin, et le yang, principe masculin. Il s'agit donc pour le taoïste de surmonter les contraires yin et yang et de se confondre avec le tao afin de participer de son pouvoir cosmique. Le taoïsme primitif fait appel à la magie et à la sorcellerie. Lao-Tsé, le fondateur du taoïsme philosophique, contemporain, lui aussi, du Bouddha, maintient la recherche de l'union mystique avec l'Un, mais la spiritualise en y introduisant des idées morales. Tchuang-Tsé, qui vécut au IVe siècle avant notre ère, continue l'œuvre entreprise par Lao-Tsé et enrichit le taoïsme d'une métaphysique admirable. Par la suite, le taoïsme retourne à sa forme initiale. Toutes les superstitions populaires réapparaissent ; elles étaient enracinées dans l'âme chinoise et même l'enseignement de Lao-Tsé, considéré pourtant encore de nos jours comme étant d'origine divine, n'avait pu les en extirper.

Des affinités très étroites existent donc entre le taoïsme et le bouddhisme. Il n'est pas exagéré de dire que la première doctrine a préparé le terrain à la seconde, le désir de s'évader de la vie pratique leur étant commun. Le bouddhisme possède pourtant une nette supériorité sur la religion populaire chinoise. Il offre des vues profondes sur la nature du monde et des créatures ; c'est au nom de la constitution de tout être vivant qu'il proclame comme unique Voie d'évasion la concentration spirituelle. Le principe d'une double vérité adopté par le bouddhisme mahâyâniste, qui, par une superstructure spirituelle excuse, explique et justifie l'infrastructure des croyances populaires, fait défaut au taoïsme dont la thaumaturgie ne peut satisfaire que les esprits simples.

Ainsi s'explique le succès que les idées bouddhiques rencontraient auprès des taoïstes. Loin de contredire leur doctrine, celles-ci la complétaient, et l'enrichissaient. Il s'ensuivit une fusion où les notions taoïstes se chargaient d'un contenu bouddhique, alors que le bouddhisme, grâce à l'accueil qu'il fit aux divinités taoïstes, s'adaptait aux nécessités de l'âme chinoise.

C'est cette combinaison de deux pensées pour ainsi dire complémentaires qui donne au bouddhisme chinois du Ier millénaire sa vitalité et sa force d'expansion. Mais quand, par la suite, la pensée chinoise perdit tout contact avec la vie spirituelle de l'Inde, le bouddhisme chinois abandonné à lui-même et sevré de la force créatrice de la pensée indienne, redescend progressivement vers le primitivisme taoïste. Cette décadence s'étant poursuivie jusqu'à nos jours, il n'est plus qu'une religion vulgaire dont les moines incultes spéculent sur la crédulité de la masse des illettrés.

Voies de pénétration du bouddhisme en Chine. — La prise de contact entre les civilisations indienne et chinoise pose un des problèmes les plus intéressants de l'Histoire de l'Extrême-Orient. Comment des relations furent-elles établies entre ces deux mondes séparés l'un de l'autre par la barrière infranchissable de l'Himalaya et les déserts immenses de l'Asie centrale ? Ce mystère ne fut pleinement éclairci que par les fouilles entreprises dans les oasis de l'Asie centrale par plusieurs missions (en particulier les missions Pelliot et Aurel Stein) au début de notre siècle. Contrairement à ce qu'on pourrait supposer, ce n'est pas par la voie maritime que le bouddhisme s'est introduit en Chine, mais par la voie terrestre.

On sait que c'est sous le règne du roi indo-scythe Kanishka au Ier siècle de notre ère que le bouddhisme connut sa seconde grande expansion en direction du nord-ouest de l'Inde et qu'il se propagea dans la partie orientale de l'Afghanistan. Peshaver et Gandhâra deviennent des centres bouddhiques extrêmement actifs. Le rayonnement de la célèbre université bouddhique Takshashilâ attire dans cette région de nombreux érudits et étudiants.

Vers la fin du Ier siècle, grâce à la « paix chinoise » que la dynastie des Han fait régner en Asie centrale, le bouddhisme peut étendre son influence vers les régions du Turkestan oriental, c'est-à-dire le bassin du Tarim. Ce pays était alors habité par des populations d'origine et de langue iranienne, ce qui devait communiquer au bouddhisme avant qu'il arrivât en Chine, une teinte iranienne.

Ce sont les oasis-relais de la célèbre « route de la soie » qui servent de jalons à la progression du bouddhisme. Le bassin désertique du Tarim est, en effet, bordé au nord et au sud par un certain nombre d'oasis où grâce à la richesse que leur valait le passage obligatoire de toutes les caravanes qui transportaient la précieuse marchandise jusqu'au pied du Pamir et qui en rapportaient en échange les produits du monde gréco-romain, une civilisation brillante se mit à fleurir.

Le pèlerin chinois Hiuan-Tsang qui au VIIe siècle emprunta cette route pour se rendre dans l'Inde et qui la reprit à son retour, nous a donné des détails très intéressants sur les différents foyers bouddhiques. Ainsi il nous parle des grands monastères de Kashgar, d'Osh et de Koutsha au nord du pays, et de ceux de Yarkand et Khotan au sud.

Des fouilles récentes ont confirmé les dires de Hiuan-Tsang.

On a découvert sur les lieux de nombreux témoignages (statues, inscription, peintures, manuscrits, etc.) de ce riche passé bouddhique.

Dès la seconde moitié du Ier siècle le bouddhisme s'est frayé un chemin jusqu'aux lointaines capitales de la Chine. C'est, en effet, vers cette époque qu'on trouve les premiers monastères bouddhiques à Tchang-Ngan et Lo Yang.

L'importance du Turkestan pour l'expression du bouddhisme en Chine n'est d'ailleurs pas seulement d'ordre géographique. Ce pays servit également de pont intellectuel entre la Chine et l'Inde : c'est, en effet, dans ses centres intellectuels que furent traduits en chinois bon nombre d'ouvrages bouddhiques écrits en sanscrit.

Il convient de mentionner particulièrement l'œuvre de traductions accomplie par le célèbre Kumarajiva (344-413), originaire de Koutsha. Emmené comme otage en Chine, il y dirige un bureau de traductions de textes sanscrits, qui selon la tradition, comprenait 800 scribes.

Au VIe siècle, c'est-à-dire à partir du moment où les invasions turques rendent la route de la soie dangereuse ou même impraticable, des relations maritimes s'établissent entre l'Inde et la Chine. C'est par mer que le vénéré Bodhidharma — les Chinois le considérèrent comme le vingt-huitième patriarche du bouddhisme — arrive à Canton en 526.

Environ deux siècles plus tard, le bouddhisme tantrique pénètre en Chine en passant par le Tibet. Au XIe siècle, le grand docteur réformateur de l'Eglise tibétaine, venu de l'Inde, le vajrayâniste Açika, poussera jusqu'au sanctuaire chinois d'Ou t'ai chan.

Mais les communications entre les deux pays ne sont pas à sens unique. Avides de connaître une civilisation et une doctrine dont les échos ne leur parvenaient que fort affaiblis, des Chinois se mettent à visiter la patrie de Bouddha. Ils empruntent soit la voie terrestre, la « route de la soie », qui les conduit par le désert de Gobi, le bassin de Tarim et par les régions de l'Himalaya, soit, bien que plus rarement, la voie maritime, en passant par l'Indochine.

Nous avons cité à plusieurs reprises les plus célèbres d'entre eux. Fa-hien emprunte la route maritime, Hiuan-tsang passe par l'Asie centrale. Ce dernier ne rapporte pas moins de 657 textes bouddhiques dont il fit ensuite la traduction, aidé de nombreux disciples.

Histoire du bouddhisme chinois. — Le bouddhisme chinois eut une histoire assez mouvementée. Quelque intime que fût le contact entre les trois principales religions chinoises, le bouddhisme n'a jamais cessé d'être considéré par le Chinois, conservateur et xénophobe, comme une doctrine d'origine étrangère. S'il acceptait sans réserve la croyance aux réincarnations successives à tel point qu'elle n'est plus contestée par personne, son esprit, lié aux disciplines familiales, se montrait rétif, sinon hostile à la vie monastique que recommandait le bouddhisme avec une insistance particulière.

C'est donc surtout dans la mesure où le bouddhisme se manifeste par la création de monastères et par le recrutement de moines et de nonnes qu'il rencontre des résistances. Le pouvoir civil, parfois inquiet de cette retraite de la vie active qu'il considère comme une désertion sociale, tâche de soumettre à son autorisation préalable la fondation de monastères et l'entrée de ses sujets dans les ordres. De même, les persécutions, fort heureusement très rares au cours de l'histoire de la Chine, se traduisent surtout par la suppression des monastères et l'obligation faite aux religieux et religieuses de rentrer dans la vie séculière.

En ce qui concerne les différents événements qui jalonnent cette histoire, on peut dire, sans que ce soit toutefois une règle absolue, que le sort du bouddhisme obéit à une certaine loi d'alternance. Cette doctrine sciemment universaliste est assurée de la faveur gouvernementale toutes les fois que la Chine est entre les mains de dynasties d'origine étrangère ; elle subit, par contre, une éclipse lorsqu'une dynastie chinoise arrive au pouvoir qui entend réagir contre toutes les influences étrangères, parmi lesquelles elle compte, bien entendu, le bouddhisme.

Bien que le bouddhisme recrute ses premiers adeptes dès le règne de la dynastie des Han, il ne s'implante profondément en Chine que grâce à la faveur dont il jouit auprès des rois tartares, maîtres de la Chine du Nord du IIIe au VIe siècle de notre ère. C'est vers 335 que les premiers sujets Chinois sont autorisés à suivre la règle monastique édictée par le Bouddha. A partir de 452, les envahisseurs Rabghatch se convertissent au bouddhisme. On assiste alors à l'épanouissement d'un art bouddhique, appelé art Wei (du nom de la dynastie régnante) exceptionnel tant par la finesse de l'exécution que par la ferveur religieuse qui l'anime.

Sous la dynastie des T'ang (618-907) le bouddhisme continue de prospérer. Pourtant une réaction, venant des confucianistes, commence à se dessiner ; elle aboutira en 844, sous le règne de l'empereur Wu-Tsung à la première persécution violente. Toutes les religions étrangères en sont d'ailleurs victimes. Mais alors que le manichéisme et la religion zoroastrienne qui s'étaient également introduits en Chine, disparaissent dans la tourmente à tout jamais, le bouddhisme, plus robuste et plus solidement ancré, survit à cette épreuve.

La dynastie des Song (960-1276) se montre favorable au bouddhisme. En 1019, l'empereur Tchên-Tsung accorde pleine liberté au bouddhisme et au taoïsme. C'est vers cette époque également que paraît la première édition imprimée du Canon chinois.

Le Canon chinois réunit des prescriptions religieuses extraites aussi bien du Canon sanscrit que du Canon pâli.

C'est sous le règne des rois mongols que le bouddhisme connaît sa seconde période de floraison. Gengis-Khan (1162-1227), fait appel à la science des lettrés bouddhistes pour faire sortir les tribus mongoles de leur état barbare. Son petit-fils Qoubilaï (1259-1294) qui acheva la conquête de la Chine, maintient et renforce la politique religieuse inaugurée par son ancêtre.

L'expulsion des Mongols de Chine et l'avènement de la dynastie chinoise des Ming amènent une vive réaction contre les religions étrangères et surtout contre le bouddhisme. Le confucianisme reprend du terrain tant et si bien que le bouddhisme délaissé par les classes dirigeantes redescend du sommet qu'il avait atteint sous le règne de Qoubilaï pour ne plus être professé que par le peuple illettré et superstitieux.

Dans la première moitié du XXe siècle une double chance, hélas bien trompeuse, semble s'offrir au bouddhisme chinois. Pour lutter contre le communisme dont l'intelligentsia commence à s'enticher, la jeune république chinoise s'efforce de revigorer le bouddhisme en le débarrassant des superstitions qui l'étouffaient.

L'occupation japonaise qui se sert du bouddhisme

pour propager l'idée d'une Grande Asie tente à son tour de le ranimer et réformer sans toutefois obtenir des succès notables. On comprend aisément pourquoi le régime communiste actuel ne fait rien pour empêcher la dégénérescence du bouddhisme chinois qui d'ailleurs semble irrémédiable.

Les différents aspects du bouddhisme chinois. — Le bouddhisme chinois se fractionne en de nombreuses sectes dont la diversité est due d'une part aux différents aspects du grand Véhicule auquel il appartient, d'autre part à sa contamination par les croyances taoïstes et la doctrine confucianiste. Citons-en les trois écoles les plus représentatives.

L'école Tsing-tou-tsong, « Ecole du Pays Pur », croit en Amitâbha, le bouddha favori du grand Véhicule, et aspire à la renaissance dans le paradis sukhâvatî dont il est le maître. C'est sans doute la secte la plus ancienne puisque le Sukhâvatîvyûha qui contient la description de ce paradis et la légende d'Amithâbha, fut traduit en chinois dès le IIe siècle de notre ère.

L'école Hin-tsong, « Ecole de la méditation » fut, fondée au VIe siècle de notre ère par le grand docteur indien Bodhidharma. Voici la légende qu'on raconte à son sujet et qui illustre l'orientation de cette école. Après être parvenu en Chine, Bodhidharma resta neuf ans à Lo-yang à contempler fixement et en silence un mur. Comme ses paupières menacèrent de se fermer contre sa volonté, il les coupa et à l'endroit même où celles-ci tombèrent par terre, poussa le premier arbuste à thé dont les feuilles empêchaient dorénavant les moines de céder à la fatigue au cours de leurs méditations. C'est donc la concentration spirituelle que Bodhidharma recommande à ses disciples. C'est grâce à la méditation et non à l'aide de la connaissance qu'on peut espérer parvenir à l'illumination.

L'influence du Véhicule tantrique se traduit par la création au début du VIIIe siècle de l'école Mi-tsong, « Ecole des Secrets ». Une large place y est faite, non seulement au tantrisme, mais encore aux superstitions proprement chinoises. Grâce aux cérémonies magnifiques de son culte, cette école fut pendant longtemps la plus importante du bouddhisme chinois

Mentionnons enfin l'ouvrage d'un moine bouddhiste du XIe siècle, intitulé *Fondement de la religion* qui expose un syncrétisme religieux auquel la pensée chinoise est restée fidèle jusqu'à nos jours. Pourquoi opposer entre eux Bouddha, Lao-Tsé et Confucius ? Tous trois ont prêché la même doctrine ; aussi convient-il de les vénérer ensemble. C'est pourquoi dans les temples et les chapelles bouddhiques on voit la statue de Bouddha flanquée de celles de Lao-Tsé à gauche et de Confucius à droite.

Chapitre V

LE BOUDDHISME AU JAPON

Le bouddhisme japonais eut un sort infiniment plus heureux que le bouddhisme chinois. Abstraction faite même du talent assimilateur particulier au Japonais, qui lui permet de se rendre maître en un minimum de temps de tous ses emprunts, le bouddhisme, pour s'implanter dans l'âme japonaise, n'eut pas à vaincre des doctrines solidement établies et de tendance contraire, comme ce fut le cas en Chine. Le shintoïsme, religion primitive du Japon, ne peut se comparer en aucune façon avec le confucianisme. C'est une religion à peine systématisée qui prescrit le culte des divinités de la nature et celui des ancêtres sans cependant rattacher les rites qu'elle recommande à un ensemble doctrinal quelconque. Il n'est donc pas étonnant que le bouddhisme, capable plus qu'aucune autre religion de résorber les anciennes croyances, se soit superposé avec une telle facilité au shintoïsme.

Histoire du bouddhisme japonais. — C'est la Corée qui fit connaître le bouddhisme chinois au Japon. En 522, le roi de Pakche, pays coréen du Sud-Est, confie, à une ambassade qu'il envoie auprès de l'empereur du Japon, des images et des textes bouddhiques. Dès le VIe siècle, le bouddhisme se propage simultanément avec la civilisation chinoise à la cour impériale et dans les classes supérieures. L'art japonais de l'époque Suiko (nommé d'après l'impératrice Suiko (593-629) qui se montrait très favorable au bouddhisme), inspiré de l'art Wei chinois, témoigne de la rapide emprise que le bouddhisme eut sur l'âme japonaise.

Au cours des siècles, le bouddhisme ne fit que prospérer et pénétra de plus en plus profondément toutes les classes du peuple japonais. A partir du XVIIe siècle, il est vrai, l'idée d'un rétablissement intégral de la puissance impériale se lie peu à peu à celle de la restauration de la religion authentique japonaise, le shintoïsme. Lorsque, en 1868, l'empereur Mutsuhito (Meiji-tennô) réussit à reprendre le pouvoir absolu, limité depuis des siècles par les féodaux, il crut nécessaire de promulguer une série d'ordonnances impériales qui dépouillaient le bouddhisme de ses couvents et sanctuaires et qui proclamaient le shintoïsme religion d'Etat. Ce fut une erreur. Aussi l'empereur y renonça-t-il moins de vingt ans après. En 1884, le shintoïsme cesse d'être religion d'Etat ; en 1889, la liberté est rendue à tous les cultes. Dès lors l'union séculaire du shintoïsme et du bouddhisme s'est ressoudée. La vénération de l'empereur, des ancêtres et de la nation, prescrite par le shintoïsme fait de nouveau partie intégrante du bouddhisme. Les épreuves subies par le Japon n'ont en rien diminué son pouvoir d'attraction : il est actuellement la véritable religion nationale du Japon. Selon le recensement de 1950, on y dénombre environ 37 millions d'adeptes de la Bonne Loi et 106 223 temples bouddhistes.

Les sectes japonaises. — De même qu'en Chine, le bouddhisme du grand Véhicule se divisa en de nombreuses écoles qui en reproduisaient les différents aspects, de même au Japon, le bouddhisme importé de Chine se fractionna en de nombreuses sectes qui reprenaient à leur compte les tendances qui s'y étaient fait jour. Un trait spécifiquement japonais leur est pourtant commun : elles sont toutes animées d'un fort sentiment national et d'un patriotisme fervent.

Les différentes sectes sont réparties en groupes chronologiques selon la ville qui servait de capitale au Japon au moment de leur naissance. Il y en a eu trois : Nara (710-794), Heiankyô, l'actuel Kyôto (794-1192), et Kamakura (1192-1603).

Les sectes nées pendant la période de Nara, bien qu'elles aient fleuri pendant de nombreux siècles, ont presque disparu de nos jours. Elles étaient formées à l'image des cinq branches du Lio-tsong chinois (« Ecole de la Discipline »).

Pendant la période Heian, les moines Dengyô Daishi et Kôbô Daishi fondèrent, le premier l'école de Tendai, le second celle de Shingonshû. Ils s'inspirèrent de l'école chinoise Mi-tsong, en mettant l'accent sur les éléments magiques et ésotériques que le tantrisme avait introduits dans le bouddhisme tardif.

Mais c'est la période de Kamakura qui vit l'éclosion des sectes les plus importantes. Après avoir étudié sur place le bouddhisme contemplatif (hin-tsong) implanté en Chine par Bodhidharma, Myôan Eisai (1141-1215) fonda la secte Zen (dhyâna), qui recruta ses adeptes surtout dans la caste guerrière des Samurai. La discipline mentale qu'elle exige et la concentration spirituelle que font naître ses exercices méditatifs, en font une école de vertus militaires à laquelle les cadres militaires japonais doivent en grande partie leur valeur maintes fois éprouvée. Le mépris de la mort qui caractérise le code de l'honneur militaire japonais, bushido, repose sur la doctrine bouddhique des réincarnations.

Vers la même époque, on assiste à la formation de deux sectes qui propagent la foi dans la grâce du Bouddha Amitâbha (en japonais Amida-Butsu). Ce n'est pas tant par l'accomplissement de bonnes actions et par l'exercice de l'ascèse qu'on espère parvenir au paradis d'Amitâbha, que par l'amour mystique qu'on offre à la divinité, seule source du salut. Le moine Hônen (1133-1212) fonde la secte Yôdoshû (« Ecole du Pays Pur »), son disciple Shinran Shonin la secte Jôdo-shinshû (« Véritable Ecole du Pays Pur »). La doctrine de ces deux écoles, qui groupent actuellement la majorité des bouddhistes japonais, est désignée sous le nom d'amidisme (Amida étant le nom japonais de Amitâbha).

Le rationalisme de l'école Zen et le quiétisme des écoles amidistes sont rejetés avec violence par la secte qui fut fondée par le réformateur Nichiren (1222-1282). Prenant comme point de départ l'ouvrage mahâyâniste Saddharma-Pundarîka (« Le Lotus de la Bonne Loi ») qui glorifie la majesté souveraine de Bouddha Çākyamuni, Nichiren ne veut croire qu'en la puissance de Bouddha Shaka (Çākyamuni). C'est l'union avec le Bouddha éternel qu'il convient de rechercher. Or, cette quête exige la répétition de la formule sacrée qui la renferme « Namu Myôhô Renge Kyô » (« adoration du sûtra du Lotus de la Bonne Loi ») sans qu'il soit d'ailleurs nécessaire d'en comprendre le sens. Cette doctrine, de tendance nettement tantrique, est répandue surtout dans le monde des illettrés. Le fanatisme de ses adeptes jure avec la large tolérance dont font preuve toutes les autres sectes japonaises.

Vitalité du bouddhisme japonais. — La modernisation du Japon, loin de nuire au bouddhisme, lui a valu un renouveau de ferveur et d'activité missionnaire. Munis des armes de la critique européenne et soutenus par l'idée du rôle civilisateur important qui revenait à leur peuple en raison de ses succès politiques, les bouddhistes japonais se sont mis avec ardeur à l'étude des textes sanscrits et à la propagation de leur foi dans tous les pays d'Extrême-Orient et même au-delà. En 1930, une statistique officielle indique la présence de 535 bonzes dans les colonies japonaises, de 147 en Chine, de 8 en Océanie, de 111 aux îles Hawaï et de 33 aux Etats-Unis. En 1935, le bonze Entai Tomomatsu jette les bases d'une association internationale bouddhiste qui entretient des filiales dans de nombreux pays. En même temps, le bouddhisme japonais cherche à s'adapter aux doctrines philosophiques et scientifiques modernes, qu'il déclare en accord avec ses propres idées.

Grâce à une activité missionnaire intense, il est présent non seulement sur tous les rivages du Pacifique, mais aussi aux Etats-Unis et même en Europe où le zen enseigné souvent par des maîtres japonais connaît une vogue croissante.

Chapitre VI

LE BOUDDHISME ET L'OCCIDENT

Favorablement accueilli dans tous les pays de l'Extrême-Orient, le bouddhisme s'est heurté à une barrière quasi infranchissable dès qu'il s'est tourné vers le monde méditerranéen. On pourrait croire que cette limite mise à l'expansion d'une religion, qu'on peut qualifier, à juste titre, d'universelle, tant à cause de sa valeur supranationale que de sa force de pénétration, est due à l'existence d'une cloison étanche qui, au moment de sa propagation, séparait le monde occidental du monde oriental. Il n'en est rien. Quand on ne tient compte que des conditions strictement géographiques et historiques, il semble qu'il était beaucoup plus facile au bouddhisme de s'orienter vers le monde hellénistique que vers la Chine, pays dont l'accès était défendu par la chaîne de montagne de l'Himalaya et d'immenses déserts. Depuis l'expédition d'Alexandre qui avait mené celui-ci jusqu'au Pendjab, de nombreux contacts de toute nature s'étaient, en effet, établis entre l'Inde et le monde occidental. On est donc bien forcé de constater qu'il existait une profonde incompatibilité entre la pensée orientale et la pensée occidentale avant même que lechristianisme eût pris possession de l'âme européenne.

Il y eut pourtant quelques tentatives de pénétration bouddhique. Dès le IIIe siècle avant notre ère, le pieux empereur Açoka tâche d'étendre son apostolat bouddhique jusque dans les royaumes grecs de Syrie, d'Egypte, de Cyrène et même de Macédoine. Bien que dans ses célèbres édits rupestres il se glorifie d'avoir fait dans ces lointains pays des « conquêtes de la Loi », il ne semble pas que cette branche de son activité missionnaire ait été couronnée de quelque succès.

Il est possible néanmoins qu'à partir de cette époque un obscur courant d'idées, imperceptible et incontrôlable, se soit établi entre l'Inde bouddhique et le monde gréco-romain. Tel semble tout au moins être l'avis de Sylvain Lévi :

> La morale bouddhique, affirme-t-il, propagée ou insinuée par un apostolat anonyme, pénètre jusqu'à l'Egypte et jusqu'aux régions méprisées où va surgir un enfant-dieu, destiné à la conquête du monde. L'univers semble travailler d'un élan unanime à une œuvre de salut, sous les auspices du Bouddhisme.

Quelques indianistes « comparatistes » ont cru pouvoir aller plus loin. C'est dans les Evangiles mêmes qu'ils décèlent les influences bouddhiques. Ainsi saint Marc et saint Jean contiendraient, selon eux, des phrases d'inspiration bouddhique. De telles assertions n'ont pas manqué de provoquer une vigoureuse levée de boucliers de la part des défenseurs de l'Eglise. Quoi qu'il en soit et en dépit des quelques rapprochements possibles et des quelques coïncidences, assez troublantes d'ailleurs, qu'on peut relever, il est certain qu'il ne peut s'agir là que de conjectures gratuites tant qu'on n'aura pas prouvé d'une manière péremptoire que le bouddhisme était connu en Palestine au moment de la rédaction des Evangiles.

Mentionnons pour mémoire qu'il existait à Alexandrie au cours des deux premiers siècles de notre ère une importante colonie hindoue très active dont l'influence est perceptible dans les différents systèmes néo-platoniciens. L'Un de Plotin, en particulier, reproduit l'idée brahmanique de l'identification de l'âme universelle et de l'âme individuelle. Quant aux idées bouddhiques proprement dites, il ne semble pas qu'on puisse en découvrir des traces.

L'écroulement de l'Empire romain et le triomphe du christianisme creusent entre l'Inde et l'Europe un fossé historique et idéologique qui jusqu'à la découverte de la route maritime des Indes orientales (1498) interdit tout contact. Notons pourtant — l'histoire nous réserve parfois de ces surprises amusantes — que Bouddha, sous le nom de Josaphat (nom qui dérive de Bodhisattva) réussit à se glisser dans le nombre des saints d'Eglise. Fils d'un roi indien, Josaphat, à la suite d'expériences qui ressemblent à celles du Bouddha authentique, se convertit au christianisme.

Ce n'est qu'au XIXe siècle que le bouddhisme, à la faveur de la « renaissance orientale », commence à préoccuper véritablement les esprits en Europe. Il y rencontre même un intérêt qui dépasse de loin celui qu'on témoigne aux autres religions indiennes. Phénomène d'autant plus surprenant qu'il est dû à des raisons fort diverses et même contradictoires. Les uns en admirent le caractère positiviste, les autres, au contraire, la profondeur ésotérique. Mais c'est surtout son pessimisme foncier qui frappe les imaginations.

L'exemple le plus important de l'influence que le bouddhisme exerce sur la philosophie européenne du XIXe siècle, nous est sans doute fourni par Schopenhauer. Son livre célèbre *Le Monde comme volonté et comme représentation*, transcrit l'itinéraire que Bouddha recommande à ses disciples de suivre afin qu'ils parviennent à la délivrance. C'est, en effet, la volonté, le vouloir-vivre qui est pour Schopenhauer la source de toute douleur. C'est par « l'anéantissement réfléchi du vouloir » que l'homme atteint la « béatitude infinie au sein même de la mort ».

Il ne s'agit pas là, bien entendu, d'une rencontre fortuite entre le bouddhisme et la philosophie moderne. C'est si vrai que Schopenhauer avoue lui-même devoir autant à la pensée indienne qu'à Platon et Kant et qu'il prophétise que, grâce à l'influence de la pensée indienne sur le monde occidental, il se produira un « changement radical de notre science et pensée ».

C'est essentiellement par le truchement du pessimisme schopenhauerien que le bouddhisme imprègne la pensée moderne. Son influence se reconnaît autant chez ceux qui donnent leur adhésion enthousiaste à la philosophie schopenhauerienne, comme par exemple Richard Wagner, que chez ceux qui lui opposent un refus passionné, comme ce fut le cas de Nietzsche.

L'intérêt que la pensée européenne du XXe siècle manifeste à l'égard du bouddhisme n'est pas moins grand. La confrontation entre la pensée orientale et la pensée occidentale se fait pourtant sur un plan différent. Il ne s'agit plus tant de mettre en parallèle une conception pessimiste et une conception optimiste de la vie que d'opposer notre civilisation, aussi riche matériellement que pauvre spirituellement, à la civilisation orientale, arriérée dans ses aspects extérieurs, mais imprégnée d'une profonde spiritualité.

On connaît le remarquable numéro spécial des

Cahiers du Sud, intitulé *Message actuel de l'Inde*, publié au lendemain de la catastrophe de 1940 et né certainement des inquiétudes que l'effondrement de toutes les valeurs avait suscitées en France. C'est au début de l'introduction de cet ouvrage qu'on trouve l'affirmation suivante :

> Chaque fois que la pensée de l'Occident se trouve aux prises avec des contradictions et qu'elle se demande où la mène la science, elle se tourne vers l'Inde, mère des mythologies et des disciplines spirituelles.

On avait, en effet, constaté le même engouement pour la pensée indienne au lendemain de la guerre 1914-1918 qu'on avait interprété comme la faillite définitive de la civilisation occidentale. Mais au fur et à mesure que dans l'entre-deux-guerres l'Europe retrouvait son équilibre, cette sympathie excessive pour l'Orient rencontrait des résistances de plus en plus vives. Le livre du P. Allo, intitulé ironiquement *Plaies d'Europe et baumes du Gange*, entendait faire justice de la prétendue supériorité de la pensée orientale et prenait la défense de l'Occident.

Depuis la seconde guerre mondiale, le bouddhisme zen a suscité un intérêt considérable en Occident. Mais trop souvent cette discipline avant tout morale se trouve réduite à un entraînement physique et psychique dont la finalité demeure incertaine.

Terminons par ces paroles d'un philosophe hindou qui déterminent le rôle que la pensée indienne, et donc le bouddhisme, sa manifestation la plus vigoureuse, peut être appelée à jouer dans l'avenir de l'Occident.

> L'organisation toujours plus parfaite de la vie extérieure délivre des contingences matérielles et permet de se mieux consacrer à une vie intellectuelle et spirituelle plus intense. Mais c'est ici que le rôle de l'Inde intervient, car elle tient toujours dans sa main fermée, encore engourdie de sommeil, la clef qui ouvre les grands secrets et révèle le sens de la vie.

RÉPARTITION ET NOMBRE DES BOUDDHISTES

Petit Véhicule

Ceylan	5 504 000
Birmanie	15 000 000
Thaïlande	12 000 000
Cambodge	2 500 000
Laos....................	855 000

Véhicule tantrique

Tibet	1 500 000 ?
Mongolie extérieure	1 600 000 ?

Grand Véhicule

Chine	?
Corée	?
Nord-Vietnam	?
Sud-Vietnam	?
Japon	37 000 000 environ

Remarque. — Cet essai de statistique vise non pas à donner le nombre total des bouddhistes, mais au contraire à démontrer qu'une telle entreprise est d'avance condamnée à l'échec. Si les bouddhismes du petit Véhicule et du Véhicule tantrique règnent d'une manière à peu près absolue dans les pays où ils se sont implantés — encore faudrait-il connaître le nombre exact des habitants de ces pays pour établir une statistique valable, ce qui n'est pas toujours le cas (pour le Tibet par exemple, les chiffres varient de 1 500 000 à 6 500 000) — le bouddhisme du grand Véhicule s'est superposé à d'autres religions sans qu'il ait jamais réussi à les éliminer. C'est en particulier le cas de la Chine où le confucianisme, le taoïsme et le bouddhisme existent simultanément, de sorte qu'on se trouve en face d'une masse flottante de près de 500 millions d'hommes plus ou moins bouddhistes. Il n'est donc pas étonnant de constater que les évaluations varient de 120 millions à 500 millions.

CHRONOLOGIE DU BOUDDHISME

Le bouddhisme indien

Environ 560-480 ..	Le Bouddha.
Ve siècle av. J.-C. .	Premier concile près de Râjagriha.
IVe siècle av.-J.-C..	Second concile à Vaiçâli.
274-236	Règne d'Açoka le Pieux, première grande expansion du bouddhisme.
Vers 245 av. J.-C. .	Troisième concile à Pâtaliputra.
166-145 av J.-C. ..	Règne de Ménandre, roi grec du Pendjab, protecteur du bouddhisme.
78-110 ap. J.-C. ..	Règne du roi indo-scyte Kanishka. Seconde grande expansion du bouddhisme.
Ier siècle ap. J.-C. .	Quatrième concile ; naissance du Grand Véhicule.
Vers 100 ap. J.-C..	Açvaghosha, docteur mahâyâniste, conseiller spirituel du roi Kanishka.
IIe siècle ap. J.-C. .	Nâgârjuna, docteur mahâyâniste.
Vers 400 ap. J.-C. .	Buddhaghosa, docteur hînayâniste.
Ve siècle ap. J.-C. .	Asanga, docteur mahâyâniste.
399-413 ap. J.-C...	Séjour du pèlerin chinois Fa-Hien dans l'Inde.
VIIe siècle ap. J.-C.	Çântideva, poète mahâyâniste.
629-645 ap. J.-C. .	Séjour du pèlerin chinois Hiuan-Tsang dans l'Inde.
671-690 ap. J.-C. .	Séjour du pèlerin chinois Yi-Tsing dans l'Inde.
Vers le VIIe siècle ap. J.-C.	Naissance du Véhicule tantrique ; déclin du bouddhisme indien.
1193 ap. J.-C......	Prise de Bihâr par les Musulmans ; fin du bouddhisme indien.

Extension du bouddhisme

Vers 250 av. J.-C. .	Introduction du bouddhisme à Ceylan.
Ier siècle ap. J.-C. .	Le Bouddhisme règne en Birmanie.
61 ap. J.-C........	Introduction du bouddhisme en Chine par l'empereur Ming-ti ?
335 ap. J.-C.......	Autorisation officielle accordée aux Chinois d'entrer dans les couvents bouddhiques.
522 ap. J.-C.......	Introduction du bouddhisme au Japon.
VIIe siècle ap. J.-C.	Le bouddhisme règne au Siam.
VIIe siècle ap. J.-C.	Introduction du bouddhisme au Tibet.
Vers 750 ap. J.-C..	Padmasambhava convertit le Tibet au Véhicule tantrique.
XIVe siècle ap. J.-C.	Adhésion du Cambodge au petit Véhicule.
XIVe siècle ap. J.-C.	Réforme du bouddhisme tibétain ; Naissance de l'Eglise jaune.
XVIe siècle ap. J.-C.	Conversion des Mongols au bouddhisme tibétain.

Histoire moderne du bouddhisme

1871	Cinquième concile à Mandalay (Birmanie) : les textes des enseignements gravés sur 729 plaques de marbre.
17 mai 1954	Sixième concile à Rangoon (Birmanie).
23 mai 1956	Commémoration du 2 500e anniversaire du Bouddha (23 mai 1956) : recherche d'une coopération religieuse entre les pays bouddhistes et organisation d'une propagation nouvelle de la doctrine du Bouddha en Inde.
1959.............	Ecrasement de la révolte nationale tibétaine. Le Dalaï-Lama s'enfuit en Inde.

BIBLIOGRAPHIE

E.-B. Allo, *Plaies d'Europe et baumes du Gange*, Paris, Editions du Cerf, 1931.

J. Bacot, *Le Bouddha*, Paris, Presses Universitaires de France, 1947.

Coomaraswamy, *Hindouisme et bouddhisme*, Gallimard, 1949.

H. v. Glasenapp, *Brahma et Bouddha*, Paris, Payot, 1937.

Grousset, *Sur les traces du Bouddha*, Paris, Plon, 1929.

Grousset, *Les Philosophies indiennes*, 2 vol., Paris, Desclée & de Brouwer, 1931.

R. Guyon, *Anthologie bouddhique*, 2 vol., Paris, Les Editions G. Grès & Cie, 1924.

La Vallée-Poussin, *Bouddhisme*, Paris, Gabriel Beauchesne, 1925.

S. Levi, *L'Inde civilisatrice*, Paris, Adrien Maisonneuve, 1938.

Masson-Oursel, *La Philosophie en Orient*, Paris, Alcan, 1938.

M. Mourre, *Les religions et les philosophies d'Asie*, Paris, La Table Ronde.

H. Oldenberg, *Le Bouddha, sa vie, sa doctrine, sa communauté*, Paris, Alcan, 1894.

A. Schweitzer, *Les Grands Penseurs de l'Inde*, Paris, Payot, 1945.

TABLE DES MATIÈRES

TROISIÈME PARTIE

HISTOIRE DU BOUDDHISME

Imprimé en France
Imprimerie des Presses Universitaires de France
73, avenue Ronsard, 41100 Vendôme
Septembre 1996 — N° 43 211